Niemöller: Was würde Jesus dazu sagen?

2. Auflage 1988

Lektorat und Gestaltung: Peter Altmann
Satz: Monika Schieder, Frankfurt am Main
Satzherstellung: Plambeck & Co., Neuss
Druck und Verarbeitung: Fuldaer Verlagsanstalt GmbH, Fulda
ISBN 3-87682-824-4

„Es gibt Leute, die ich heute wahnsinnig enttäusche durch das, was ich heute von mir gebe, weil ich nicht fertig bin, und ich werde auch nicht fertig in meinem Leben, habe nicht die Absicht, mal fertig zu sein.“

NIEMÖLLER

WAS WÜRDE JESUS DAZU SAGEN?

EINE REISE DURCH EIN PROTESTANTISCHES LEBEN

EIN FILM-BILDER-LESEBUCH VON HANNES KARNICK UND WOLFGANG RICHTER

RV
RÖDERBERG
im Pahl-Rugenstein Verlag

Vorwort

Das „Buch zum Film“ ist schon immer ein riskantes Unternehmen gewesen. Denn die Gefahr, daß eines ein müder Abklatsch des anderen wird, ist groß. Aber Theologen denken nun einmal gern dialektisch, und so freue ich mich, daß dieses Buch zustandegekommen ist.

Ich muß das erklären: Als wir im Sommer 1985 den Film „Was würde Jesus dazu sagen?“ im Kreise ehemaliger Kirchenleitungsmitglieder und Weggefährten Martin Niemöllers zum ersten Mal gesehen hatten, beschäftigte uns in der anschließenden Diskussion die Frage, wie dieses Film-Dokument über den augenblicklichen Eindruck des Anschauens hinaus Menschen zugänglich gemacht und womöglich vertieft werden könnte. Denn dem Menschen Martin Niemöller und seiner Botschaft wäre ein kurzes Feuer der Begeisterung und der Nachdenklichkeit — vielleicht sogar mit einem Schuß romantisierender Heldenverehrung — ganz einfach unangemessen.

Martin Niemöllers beharrliche Weigerung, seinen Glauben und seine Überzeugung den Verhältnissen anzupassen, den leichteren Weg der politischen Einordnung einzuschlagen, macht auch im nachhinein den Umgang mit ihm nicht einfach. Aber in einer Zeit, in der sich sehr viele in der Überzeugung einig zu sein scheinen, daß verantwortliches Christentum sich auf die Pflege der inneren Welt zu beschränken habe, und daß offenbar Widerspruch dem Seelsorgeauftrag der Kirche zuwiderlaufe, brauchen wir dieses Vermächtnis Niemöllers dringend.

Noch deutlicher als der Film macht die Materialsammlung dieses Buches sichtbar, daß Martin Niemöller im politischen Bereich neue Wege aufgezeigt hat. Er hing dabei keiner Utopie nach, sondern der nüchternen Erkenntnis, daß wir im Zeitalter der Massenvernichtungsmittel keine andere Wahl haben, als nach neuen Wegen zu suchen, die das Überleben der Menschheit sichern können. So hat er unablässig versucht, Grenzen durchlässig zu machen und Menschen zur Gemeinschaft anzustiften, Feindbilder und Bedrohtheitsvorstellungen zu überwinden. Er hat dies als ein Christ getan, der sich auch im politischen Nachdenken und Handeln von den Worten der Bergpredigt leiten ließ: „Liebet Eure Feinde und bittet für die, die euch verfolgen ... denn wenn ihr nur zu euren Brüdern freundlich seid, was tut ihr Besonderes?“ (Matth. 5, 44 ff)

Wie lange haben wir noch Zeit, um zu begreifen, daß diese Botschaft auch im politischen Bereich vernünftig ist?

Der Film wie dieses Buch sind keine Auftragsproduktionen unserer Kirche. Wir haben inhaltlich an keiner Stelle Einfluß genommen, aber wir sind dankbar dafür, daß wir zur Entstehung des Films beitragen konnten.

Darmstadt, im Mai 1986

Unser Dank gilt den beiden Filmemachern Hannes Karnick und Wolfgang Richter, und unser dankbares Gedenken dem verstorbenen Journalisten, Film-Publizisten und Niemöller-Biographen Dietmar Schmidt. Ohne seine Anregung und Begleitung wäre der Film nicht zustande gekommen.

„Was würde Jesus dazu sagen — wenn man sich daran hält, ist man keinem genehm.“ Diese Erkenntnis am Ende eines langen und kämpferischen Lebens ermutigt, wie Jesus dem religiösen und gesellschaftlichen Besitzdenken entgegen zu handeln, sich nicht in das scheinbar Unabänderliche zu schicken, daß der Mensch des Menschen Wolf sei. Deshalb freue ich mich besonders, daß der Film so starkes Interesse in der jungen Generation gefunden hat, und ich wünsche mir, daß es diesem Buch genauso gehen möge.

Pfarrer Helmut Spengler
Kirchenpräsident
der Evangelischen Kirche
in Hessen und Nassau

Zu diesem Buch

Hannes Karnick/Wolfgang Richter

Ein Jahr nach dem Film erscheint dieses Buch. Für uns das vierte Jahr einer Reise durch Martin Niemöllers Leben, durch 100 Jahre deutscher und dann deutsch-deutscher Geschichte, mit all ihren Sprüngen, Brüchen und Widersprüchen.

Angeregt von Diskussionen und Fragen bei vielen Filmaufführungen, haben wir die Protokolle unserer Gespräche mit Martin Niemöller noch einmal durchgearbeitet, das Material neu gesichtet, geordnet und — im Buch anders möglich als im Film — weiter ausgebreitet.

Was wir zusammengetragen haben, ist keine neue Biographie, auch nicht die Suche nach dem „wahren" Niemöller. Was ist nun dabei herausgekommen: Ein Bildband, ein Geschichtsbuch, ein Interview, eine Dokumentensammlung?
Wir haben es „Film-Bilder-Lesebuch" genannt. Das Wort „Lesebuch" klingt zwar nach pädagogischem Anspruch und Interpretation erwartenden Texten, doch gerade an Interpretationen wollen wir uns nicht beteiligen, genausowenig wie an Heldenmythen.

Der Film und auch dieses Buch: Unser Eindruck aus 15 Gesprächen mit Martin Niemöller, unser Zugang zu einem Menschen und der ihn umgebenden und bedingenden Geschichte. Diese Arbeit ist nicht denkbar ohne Drängen, Anstoß und Hilfe von Dietmar Schmidt, dem Niemöller-Biographen und Filmkritiker.

Mit seinem Nachfolger bei „Kirche und Film", Wilhelm Roth, sprach Dietmar Schmidt über seine Erwartungen an den Film: „Nun vor allem wohl dies: daß er die Erinnerung an einen Mann auffrischt, der gerade in unserer Zeit weit mehr und Entscheidendes zu sagen hat als die große Mehrheit der Tagesgrößen. Der mit seiner Zivilcourage, seiner Ablehnung falscher Autoritäten, seiner Treue dem Evangelium und dem eigenen Gewissen gegenüber ein Vorbild für uns alle sein kann. Nicht zuletzt für die Jüngeren unter uns, die ihn kaum noch kennen oder gar nicht wissen, was z.B. das Wort Zivilcourage bedeutet."

Wir hoffen, daß auch das Buch etwas von diesen Erwartungen einlösen kann. Unsere Arbeit ist kein tagesaktueller Zitatenschatz nach der Devise „Was würde Niemöller dazu sagen". Dennoch, was wir in der Wiesbadener Brentanostraße gehört haben, ist nicht Vergangenheit. Gedanken, vor Jahren von Niemöller ausgesprochen, bewegen auch heute.

Es bleiben, wie zahlreiche Filmdiskussionen gezeigt haben, mehr Fragen, als Antworten gegeben werden. Fragen nach Vergangenheit und Gegenwart, nach Schuld- und Geschichtsverdrängung, nach Zivilcourage und eigener Verantwortung, nach der Kraft, die ein solches Handeln möglich macht. Dieser Film ist eben nicht am Filmende zuende.

Mit dem Buch wollen wir ausgelöste Nachdenklichkeit greifbarer machen, ohne den assoziativen und gewebten Charakter des Films aufzugeben.

„Das Leben ist ein Gewebe", sagt Martin Niemöller, „da kreuzen sich immer Dinge aus der Vergangenheit mit dem laufenden Faden, zu dem quergewebt wird."

Als Autoren stehen wir nicht unbeteiligt neben unserer Hauptperson und neben dem, was Martin Niemöller so sehr beschäftigt hat, denn Hochrüstung, Ungerechtigkeit und Unmenschlichkeit machen um uns keinen Bogen.

Allen, die uns unterstützt haben, sei ganz herzlich gedankt. Das zu erwähnen, ist für uns mehr als nur Pflichterfüllung oder Höflichkeit. Angesichts der vielen Freunde, Förderer und auch Kritiker, die den Film und letztlich auch dieses Buch mit auf den Weg gebracht haben, fällt es schwer, hier einzelne zu nennen.

Martin Niemöller und Dietmar Schmidt haben die Fertigstellung unserer Arbeit nicht mehr erleben können. Uns bleibt mehr als nur dankbare Erinnerungen.

Darmstadt, Juni 1986

Zur Orientierung

Vom U-Boot zur Kanzel

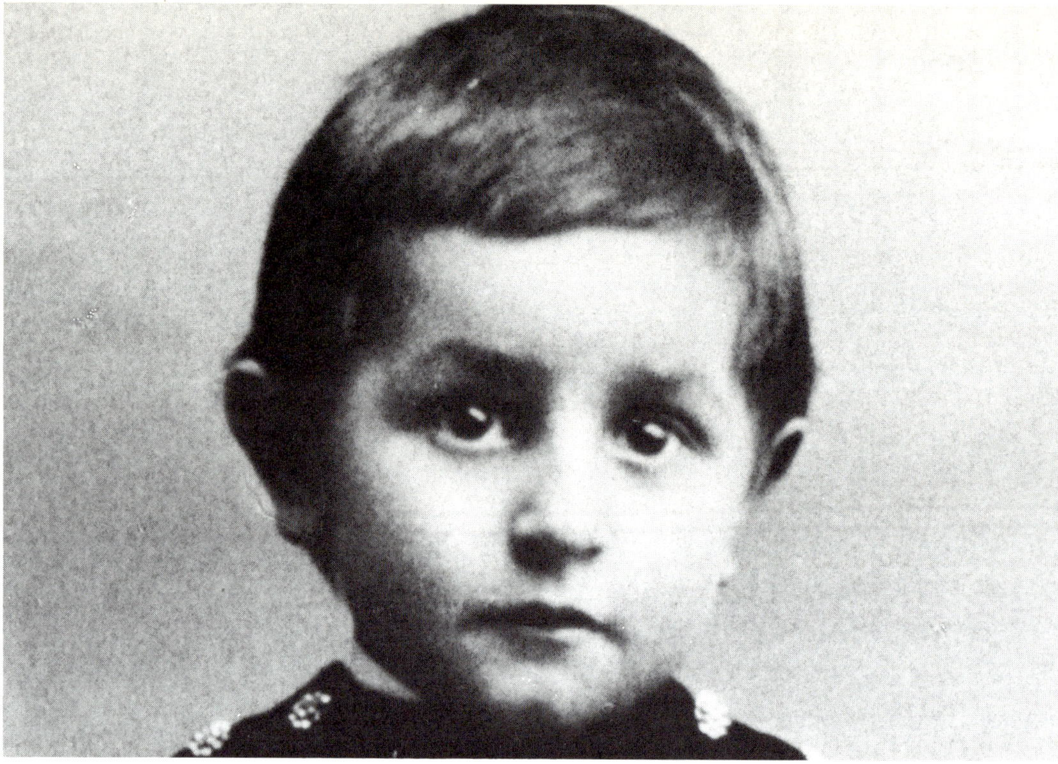

Martin Niemöller: geboren am 14. Januar 1892 als Sohn einer lutherischen Pfarrersfamilie in Lippstadt

Abitur, Seekadett der Kaiserlichen Marine, U-Boot-Kommandant im Ersten Weltkrieg, ...

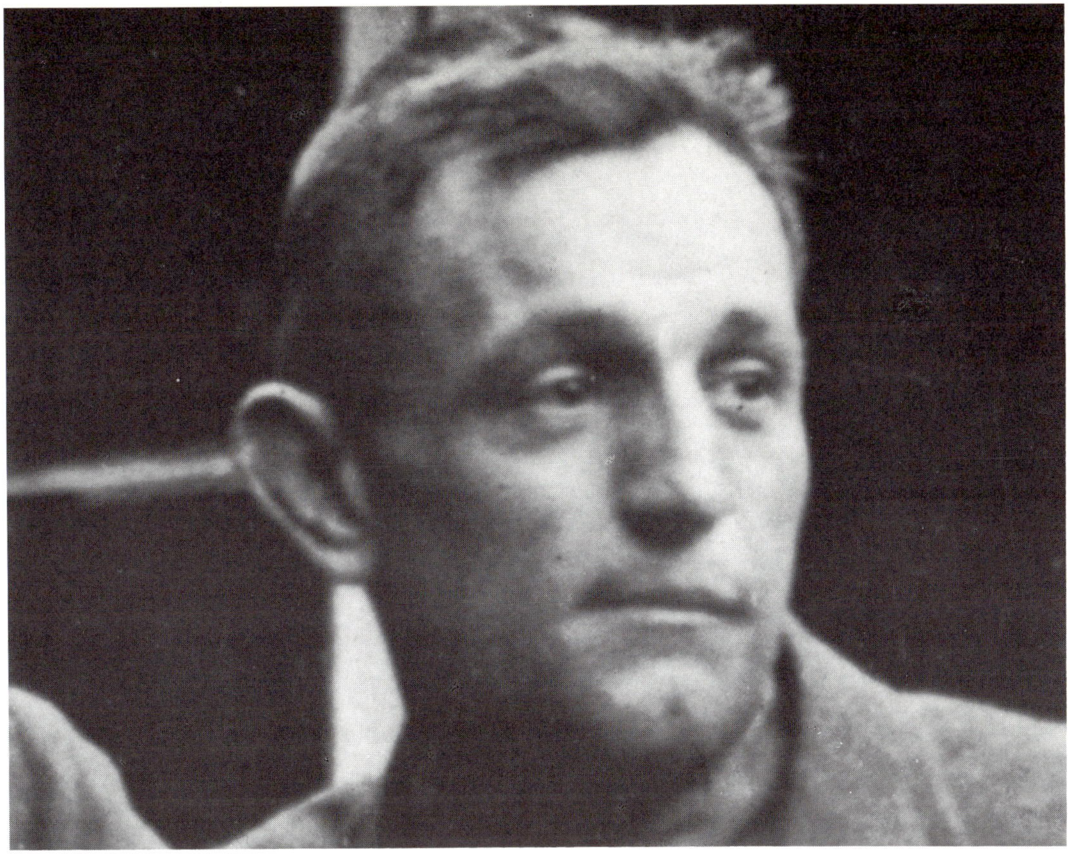

... dann Bauernknecht und Theologiestudent.

Als Gemeindepfarrer kommt Martin Niemöller nach Berlin-Dahlem und wird 1933 Vorsitzender des Pfarrernotbundes.

Sieben Jahre lang ist er persönlicher Gefangener Hitlers in den Konzentrationslagern Sachsenhausen und Dachau.

1945 wird er Leiter des Kirchlichen Außenamtes und zwei Jahre später Präsident der Evangelischen Kirche von Hessen und Nassau.

Er wird Präsident der Deutschen Friedensgesellschaft und einer der Präsidenten des Weltkirchenrats.

Mit 82 Jahren ist er Mitbegründer des Komitees für „Frieden, Abrüstung und Zusammenarbeit“ und als fast 90jähriger Mitinitiator des „Krefelder Appells“ gegen neue Mittelstreckenraketen in der Bundesrepublik.

Am 6. März 1984 ist Martin Niemöller in Wiesbaden gestorben.

Begegnungen und Entdeckungen mit Hannes Karnick, Wolfgang Richter und Dietmar Schmidt.

Unser Weg in die Wiesbadener Brentanostraße. Wir sind diese Strecke oft gefahren.

Heute, am 14. Januar 1984, an Martin Niemöllers 92. Geburtstag, wird es das letzte Mal sein.

Jede Begegnung war immer auch Abschied — die Endlichkeit menschlicher Existenz gegenwärtig.

Wir, aus der Generation der Nach-Nachgeborenen, nähern uns einem Mann, der für uns zunächst nicht viel mehr war als eine Art Vaterfigur der Friedensbewegung.

Was sich uns nach der dreijährigen Reise durch dieses protestantische Leben aufgetan hat, aber auch persönliche Empfindungen und Emotionen, bestimmen diesen Film.

Wir erzählen wenig Privates, eine deutsche Geschichte, mit ihren Sprüngen, Brüchen und Widersprüchen.

Herausgefordert und begleitet hat uns Dietmar Schmidt, der Filmjournalist, Publizist und Niemöller-Biograph. Er starb im Sommer 1984. Ohne sein Drängen, aber auch ohne seine Zweifel und Fürsprache, haben wir diese Reise beenden müssen.

Nicht irgendeine scheinbare Wahrheit, sondern unser Interesse und unsere Zuneigung für den Menschen Martin Niemöller haben das, was wir hier zusammengetragen haben, geprägt.

Sich fügen
heißt lügen!
STARTBAHN
NIE!
G.F.

MARTIN NIEMÖLLER
Eine Reise durch ein protestantisches Leben

Mein Vater ging in so ein kleines Häuschen, wo der Heimweber seine Arbeit machte, und setzte mich in der Webstube ab. Und die war leer, und er setzte mich da auf die Bank. Ich hatte noch keinen Webstuhl gesehen und guckte mich da nun um: kein Bild an der Wand, alles gekalkt. Da war ein eingerahmter, auf Samt gestickter, mit Glasperlen gestickter Spruch:

Was würde Jesus dazu sagen?

★

Das Leben ist ein Gewebe und nicht eine Kordel.

D. Schmidt: Und deshalb dürfen wir ruhig so springen, wie wir springen, ja?

M. Niemöller: Deshalb. Das Leben ist ja so zusammengewebt. Da kreuzen sich immer Dinge aus der Vergangenheit mit den Dingen, also mit dem laufenden Faden, zu dem quergewebt werden muß.

Wenn Sie jetzt selbst zurückblicken, welche Stationen in Ihrem Leben empfinden Sie als die wichtigsten?

Die wichtigsten? Zunächst erst mal die ersten vier Jahre meines Lebens, das heißt von meinem zweiten Geburtstag an. Da starb mein älterer Bruder. Der war vier Jahre alt. Das war so der Liebling der Stadt Lippstadt, und da liegt er auch begraben. An seinem Todestag wurde ich zwei Jahre alt. An den Bruder habe ich in einer sonderbaren, man kann schon sagen mystischen Weise gehangen. Das war Heini, und der ist in mein Bewußtsein mit hineingewachsen, weil in der Familie immer nur von Heini gesprochen wurde in Erinnerung an diesen vierjährigen kleinen Jugen, der abgerufen wurde. Als meine Mutter mich mal suchte und mich in dem großen Lippstädter Pfarrhaus nicht fand, suchte sie mich auf dem Balken — Balken hieß bei uns das Dachgeschoß, und da waren die Kammern für die Dienstmädchen, da war auch noch eine Kammer für einen Gast, der im Hause war. Da war man direkt unter den Dachpfannen damals. Da suchte mich meine Mutter, und da stand eine Leiter, die auf den Oberbalken führte, und auf der Leiter entdeckte sie mich als kleinen Jungen von noch nicht drei Jahren. Da war ich hinaufgestiegen. Ja, was machst du da, Junge? Und die Antwort hieß: Ich wollte mal zu Heini. Der war eben schon im Himmel.

Das ist eine wichtige Geschichte in meinem Leben gewesen, denn mit dem Heini zusammen habe ich ja meine erste Berührung mit Jesus Christus gehabt. Wir haben zusammen auf der Erde gelegen mit einem großen Bilderbuch, biblische Geschichte ohne Worte, aber Bilder. Und das hat ja irgendwie mein Leben mitbestimmt. In dem Buch waren vom Alten Testament natürlich eine ganze Menge Bilder, weil es sehr viel bildhafter ist als das Neue. Aber das Bild von Jesus von Nazareth, das ist von daher irgendwie bestimmend und zentrierend und focusgebend mit meinem Leben mitgegangen, bewußt oder auch unbewußt.

Jesus und die Sünderin. Ev. Lucä 7. 36—50.

Jesus schläft während des Sturmes. Ev. Matthäi 8, 23—27.

**Im Jahre 1910 ...
Der Abiturient Martin Niemöller tritt in die Kaiserliche Marine ein.**

So abgesehen von Politik kann ich nur sagen, ich bin ein Preuße, ein absoluter Preuße, und bin stolz darauf gewesen, daß die Grafschaft Tecklenburg schon im Jahre 1709 preußisch geworden ist.

Ich habe Wilhelm II. einen Eid geschworen. Und der Eid hat mich nach 1918 belastet und hat mich eigentlich erst freigegeben, als ich 1941 im KZ die Nachricht bekam, daß der Kaiser gestorben war, weil ich ja der Meinung war, wenn ich einem Menschen etwas gelobe im Namen Gottes, dann kann mich dieser andere Mensch nicht von meinem Gelöbnis entbinden, sondern dann kann mich nur Gott von diesem Gelöbnis entbinden. Da habe ich gesagt, jetzt leiste ich keine Eide mehr, die ich irgendwie vermeiden kann. Ich bin dann in den Geruch gekommen, ich wäre ein unzuver-

lässiger Theologe bzw. Pfarrer und so etwas, weil ich meine Zeugeneide, und ich mußte ja noch eine ganze Menge Zeugeneide leisten und schwören, ohne dieses „So wahr mir Gott helfe“ leistete. Dieses „So wahr mir Gott helfe“, diese sogenannte religiöse Klausel, die habe ich nie in meinem Leben wieder ausgesprochen. Und damit war für mich ja der Rückfall in irgendeinen Beruf, mit dem ein Eid verbunden wäre, auf eine weltliche Größe, ausgeschlossen. Und ich bin auch immer noch der Überzeugung, daß das richtig ist: „Eure Rede sei ja, ja, nein, nein, was darüber ist, das ist von Übel.“ D.h. vor Gott ist jede unwahre Aussage und jedes unwahre Zeugnis genau wie ein Eidbruch. Ob ein Eid geleistet ist oder nicht, das kann zwar meiner Glaubwürdigkeit vor meinen Mitmenschen helfen, aber das heißt Mißbrauch des Na-

Mobilmachung 1914

mens Gottes für meine Glaubwürdigkeit, und darauf laß ich mich nicht mehr ein.

Also in der Beziehung bin ich im Kirchenkampf sehr gut weggekommen und habe mir gesagt, ich habe Gott die Treue gelobt mit meinem Ordinationsgelübde, und kein anderer kann von mir etwas verlangen, wovon ich nicht überzeugt bin, daß Gott dazu ja sagt. Und deshalb gilt auch mein Treueid an die Kirche nur soweit ich überzeugt bin. Aber wenn Gott nicht will, daß ich der Kirche Treue halte, so wie die Kirche das auslegt und versteht und wie ich das vielleicht auch mal verstanden habe und ausgelegt habe, dann kann mich so etwas nicht binden, sondern das heißt, man muß Gott mehr gehorchen als den Menschen. Und dann ist eine Kirchenleitung auch eine menschliche Institution für mich und nicht eine göttliche Institution.

Ich bin ja noch als Jüngling, der noch nie ein Mädchen berührt hatte, bin ich als Leutnant in den Krieg gegangen. Sowas gabs in der Zeit nicht, und darum kann man die Zeit nur verstehen und auch die Menschen nur verstehen, wenn man die Zeit versteht und mit Augen sieht, wie die Zeit damals gewesen ist.

D. Schmidt: War das typisch?

Das war typisch für die sogenannte höhere Jugend.

Glocken werden zu Kanonen

U-Boot-Krieg
1917/18

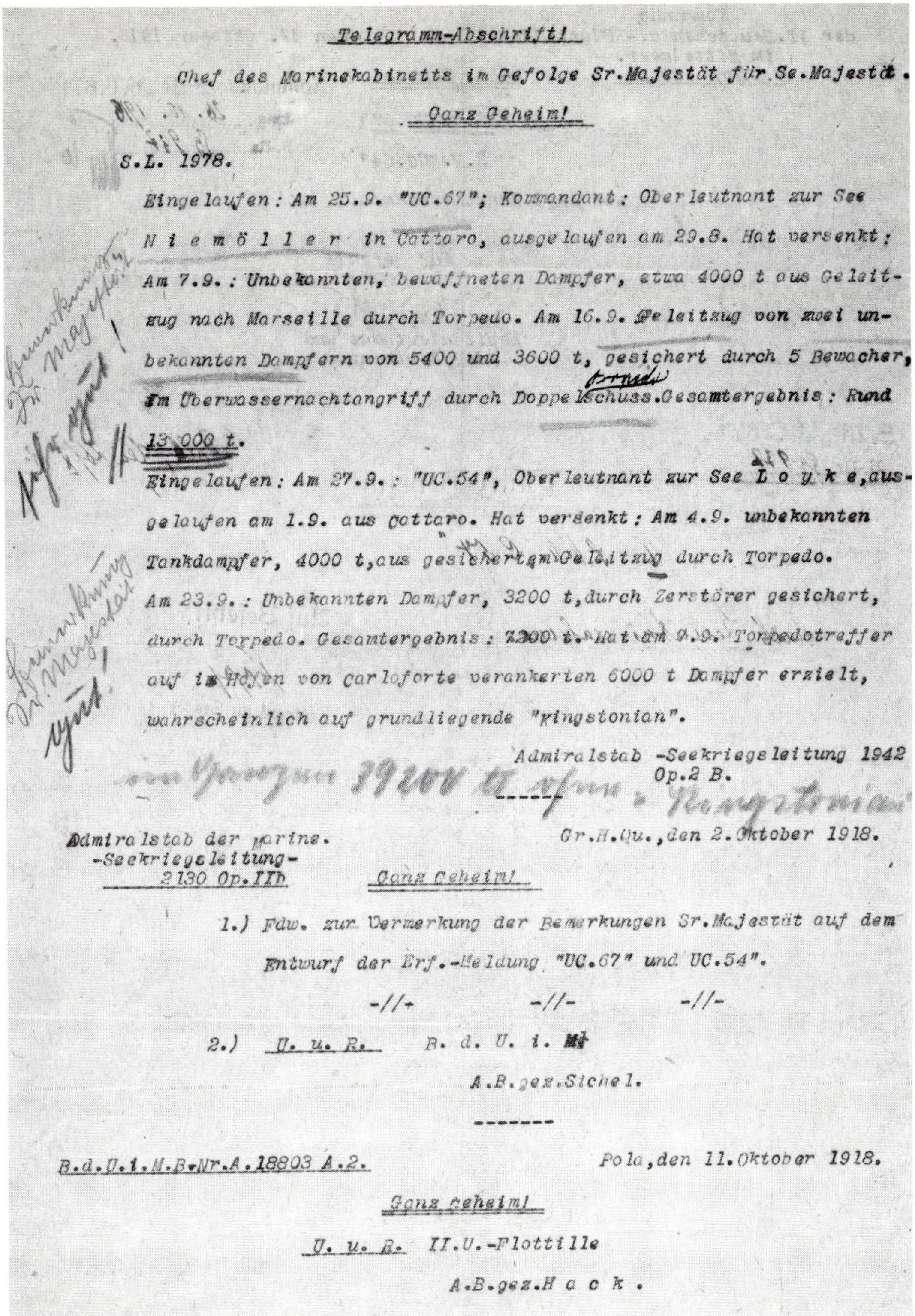

Telegramm-Abschrift!

Chef des Marinekabinetts im Gefolge Sr.Majestät für Se.Majestät.

Ganz Geheim!

S.L. 1978.

Eingelaufen: Am 25.9. "UC.67"; Kommandant: Oberleutnant zur See N i e m ö l l e r in Cattaro, ausgelaufen am 29.8. Hat versenkt: Am 7.9.: Unbekannten, bewaffneten Dampfer, etwa 4000 t aus Geleitzug nach Marseille durch Torpedo. Am 16.9. Geleitzug von zwei unbekannten Dampfern von 5400 und 3600 t, gesichert durch 5 Bewacher, im Überwassernachtangriff durch Doppelschuss.Gesamtergebnis: Rund 13 000 t.

Eingelaufen: Am 27.9.: "UC.54", Oberleutnant zur See L o y k e, ausgelaufen am 1.9. aus Cattaro. Hat versenkt: Am 4.9. unbekannten Tankdampfer, 4000 t, aus gesichertem Geleitzug durch Torpedo. Am 23.9.: Unbekannten Dampfer, 3200 t, durch Zerstörer gesichert, durch Torpedo. Gesamtergebnis: 7200 t. Hat am 9.9. Torpedotreffer auf im Hafen von Carloforte verankerten 6000 t Dampfer erzielt, wahrscheinlich auf grundliegende "Kingstonian".

Admiralstab -Seekriegsleitung 1942
Op.2 B.

Admiralstab der Marine.
-Seekriegsleitung-
2130 Op.IIb

Gr.H.Qu., den 2.Oktober 1918.

Ganz Geheim!

1.) Fdw. zur Vermerkung der Bemerkungen Sr.Majestät auf dem Entwurf der Erf.-Meldung "UC.67" und UC.54".

-//- -//- -//-

2.) U. u. R. B. d. U. i. M.

A.B.gez.Sichel.

B.d.U.i.M.B.Nr.A.18803 A.2.

Pola, den 11.Oktober 1918.

Ganz geheim!

U. u. R. II.U.-Flottille

A.B.gez.H a c k.

Telegrammabschrift: Eingelaufen am 25.9. UC 67, Kommandant Oberleutnant zur See Niemöller. In Cattaro ausgelaufen am 29.8. hat versenkt:
Am 7.9. unbekannten bewaffneten Dampfer, etwa 4000 Tonnen, aus Geleitzug nach Marseille durch Torpedo.
Am 16.9. Geleitzug von zwei unbekannten Dampfern von 5400 und 3600 Tonnen, gesichert durch 5 Bewacher im Überwassernachtangriff durch Doppeltorpedoschuß. Gesamtergebnis rund 13000 Tonnen.
Bemerkung seiner Majestät: sehr gut.
Dem Kommando seiner Majestät U-Kreuzer UC 67 zur Kenntnis gegeben, den 26.10.1918, gezeichnet Niemöller.

Niemöller mit seiner Mannschaft

Das erste Mal in diesem Jahrhundert geht ein Krieg zuende. Für den kaisertreuen Offizier, den U-Boot-Kommandanten und „Schrecken von Malta", wie ihn die Engländer nennen, ein bitteres Ende. Niemöller verweigert den Befehl, U-Boote als Reparationsleistung nach England zu überführen, und quittiert den Dienst, voll Abscheu vor diesem Deutschland. Hier mag er nicht mehr bleiben. Doch Pläne, mit seiner frisch getrauten Ehefrau Else auszuwandern, zerschlagen sich.

Revolution in Deutschland

Und dann waren die Truppen von der Front zurückmarschiert und hatten dann im Dezember im Siegerland, auf dem rechten Rheinufer, hatten die demobilisiert 1918, Ende November, Anfang Dezember.

Ich hielt die Menschen meines Volkes alle für, ja, beurlaubte Verbrecher sozusagen, nicht. Die hatten eine Revolution, die hatten den Dolchstich in den Rükken der Streitkräfte gemacht und hatten einen Waffenstillstand geschlossen.

Konnten Sie damals nicht verstehen, daß ein großer Teil der Bevölkerung für sofortiges Kriegsende war, für neue soziale Verhältnisse auch im Land?

Woher sollten wir das wissen, wir kannten ja dieses Inland gar nicht. Arbeiterräte, das war nun das Rote, das war nun wirklich die Revolution, die vom Osten rübergeschwappt war 1917/18 auf das östliche Deutschland, und das galt als rot. Und im westlichen Deutschland, an der Küste jedenfalls, da war noch alles in Ordnung.

Aber wie gings dann weiter?

Und dann bin ich in Deutschland geblieben, und die Frage, ob ich nochmal auswandern wollte, ist mir gar nicht mehr gekommen, weil ich mit meinem Volk versöhnt war und bloß voll Haß war auf die Machthaber, das hieß also damals Noske und Scheidemann und Ebert und Genossen und all die Leute, die die Weimarer Republik gemacht hatten. Denn ich hielt die Weimarer Republik für eine Sache, die auf uns Deutsche nicht paßte, wovon ich heute noch überzeugt bin. Wir Deutschen sind an und für sich keine Demokraten, aber es gibt eine Art von Demokratie, die wir nicht gefunden haben und auch nicht gesucht haben. Die

RBEITER! SOLDATEN!

Die Versammlung der Betriebs- und Soldatenräte im Hofbräuhaus am 21. April 1919 hat beschlossen, den Generalstreik am Dienstag nachts 12 Uhr für beendigt zu erklären.

Der letzte Tag des Generalstreiks

Dienstag, den 22. April 1919

In der Heimat der Vorfahren suchen Martin Niemöller und seine Frau Else im Bauernstand neue Wurzeln.

Reaktionäre wollten ja keine Demokratie, die wollten ja was anderes und machten also eine sehr schwache Demokratie, und in der war ich dann von Anfang an wieder Reaktionär, deutsch-national, und in dem Sinne fortschrittlich. Was wir uns vorstellten von einem künftigen Deutschland, das war nicht die Weimarer Republik, sondern das war das, ja, als was sich der Nationalsozialismus gab. Mein Bruder, der wurde im Jahre 1923 Mitglied der NSDAP, obgleich wir sehr brüderlich einer Meinung waren. Und ich sage, Junge, du mußt nicht, du willst doch Pastor werden und ich studiere, um Gemeindepastor zu werden, und als Pastor einer Gemeinde kann man doch nicht als Parteimann auftreten, sondern da muß man doch mit jedem reden; das willst du auch, und das will ich ja auch. Und wenn

Auf Wieligmanns Hof

wir ein Parteiabzeichen tragen, dann können wir nicht mehr mit jedem reden, denn Partei, das heißt eben, schon Partei genommen haben. Von daher bin ich also, Gott sei Dank, mein Leben lang parteifrei geblieben.

Jetzt müssen wir nochmals zurück oder voraus zu ...

Wieligmannshof.

Zu Wieligmannshof, danke. Mein Onkel hatte mir gesagt, nimm dir das nicht zu Herzen, daß du nicht auswandern kannst.Du hast ja Kapital von 60.000 Mark als Kommissvermögen, und mit deiner Frau zusammen könnt ihr doch einen Bauernhof bewirtschaften im Tecklenburger Land in der engeren Heimat deiner Familie väterlicher- wie mütterlicherseits. Und darauf bin ich sehr gerne eingegangen und habe gesagt, da muß man jetzt erstmal richtig Landwirt werden und habe eine Bauernknechtsstelle auf dem Hofe Wieligmann in Sennlich bei Westerkappeln angenommen.

Und so wurde ich Bauernknecht auf dem Lande. Wir hatten auf dem Bauernhof zwei Knechte, einer war ich, das andere war ein junger Knecht, der noch aus dem Bauernstand kam. Dann waren da noch vier Heuerleute und ein fünfter, der aber schon außer Dienst war, also Pächter, die in der Ernte- und in der Saatzeit extra Dienst auf dem Hof machen mußten. Mit denen stand ich nun in einer Reihe, und mit denen hab ich nun arbeiten gelernt, oder die haben bei mir arbeiten gelernt. Jedenfalls hab ich die Sense geschwungen, weil man da mit der Mähmaschine, die damals noch von Pferden gezogen wurde, durch den Sumpf nicht durchkam. Da hab ich gemerkt, das sind ja Menschen, wie du es bist, das sind gar nicht Revolutionäre und so etwas. Das waren Pächter und hart arbeitende Leute, die als Straßenbauer Steine klopften und sowas in der Zeit, die sie für ihren kleinen Pachtboden nicht nötig hatten und für ihre eine Kuh oder zwei Schweine, was sie noch so nebenbei zogen auf ihrem kleinen Pachtgrundstück, das zum Bauernhof gehörte. Auf Wieligmannshof bin ich nun Knecht gewesen unter Knechten, und die Heuerleute haben immer gesagt, nicht so flott. Und ob das Absicht von dem Bauern war, aber jedenfalls wußte er, daß ich ja arbeitete wie irgendeiner und es mir auf ein paar Schweißtropfen mehr oder weniger nicht ankam, und die sagten dann immer, nicht so schnell, Niemöller, nicht so schnell.

Damals redete man sich noch nicht mit Vornamen an, da sagte man auch unter Heuerleuten, die redeten sich, wenn sie sehr freundschaftlich und sehr eng miteinander verbunden waren, redeten sie sich mit ihrem Hausnamen an, mit ihrem Familiennamen.

D. Schmidt: Ja, haben die Dich denn überhaupt akzeptiert als Akademiker?

Sicher, als ich mit denen die Sense schwang, als ich mit denen Heu mähte und Heu türmte und Garben band, sicher haben sie mich akzeptiert.

D. Schmidt: Außer daß Du zu schnell warst.

Außer daß ich zu viel arbeitete, ja. Nein, ich bin als Bauernknecht in meiner Umgebung aus dem Volk wieder zufrieden geworden.

Als nach wenigen Monaten das bescheidene Kommißvermögen nicht mehr für einen eigenen Bauernhof reicht, beschließt der 27jährige, Pfarrer zu werden.

Was uns heute noch besonders an diesem Kriegsende 1918 interessiert: Haben Sie denn zu der Zeit damals gar keine Spannungen gehabt zwischen Christsein und Zu-den-Waffen-greifen? Was ja doch später für Sie eine ganz wichtige Rolle gespielt hat.

Ja, daß man als Christ Soldat sein konnte, war damals überhaupt noch kein Problem. Ich habe während des ganzen Krieges, während meiner ganzen U-Boots-Zeit immer meine Taschenbibel bei mir gehabt und habe auch häufig drin gelesen und daraus gelebt oder zu leben versucht, wie man das damals verstand. Das war eben noch: Man ist Christ und man ist Deutscher, und das sind zwei Reiche, und das ist so ungefähr gleich geartet. Aber man muß Gott mehr gehorchen als den Menschen. Wenn die beiden in Kontrast zueinander geraten, und

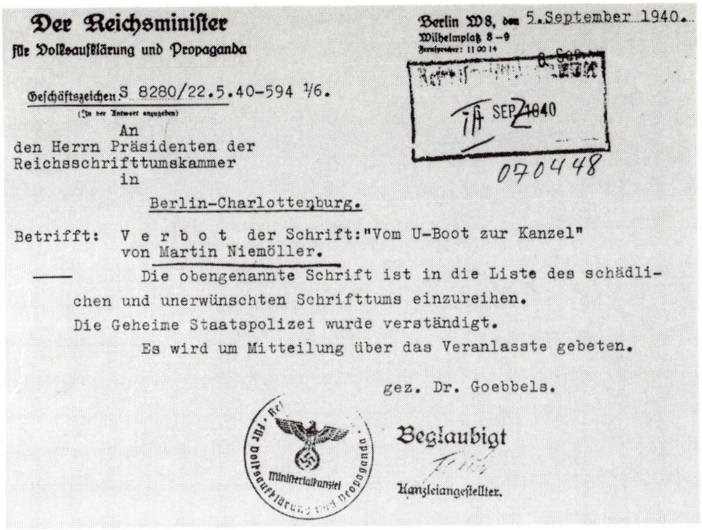

Der Reichsminister
für Volksaufklärung und Propaganda

Berlin W8, den 5.September 1940.
Wilhelmplatz 8-9

Geschäftszeichen S 8280/22.5.40-594 1/6.
(In der Antwort anzugeben)

An
den Herrn Präsidenten der
Reichsschrifttumskammer
in
Berlin-Charlottenburg.

SEP 1940

070448

Betrifft: V e r b o t der Schrift:"Vom U-Boot zur Kanzel"
von Martin Niemöller.

Die obengenannte Schrift ist in die Liste des schädlichen und unerwünschten Schrifttums einzureihen.
Die Geheime Staatspolizei wurde verständigt.
Es wird um Mitteilung über das Veranlasste gebeten.

gez. Dr. Goebbels.

Beglaubigt

Kanzleiangestellter.

„Vom U-Boot zur Kanzel" erscheint 1934 und wird selbst zu einer Zeit, als Martin Niemöller schon in den Gefängnissen der Nazis sitzt, weiter aufgelegt und verkauft. Es wird später als „unerwünschtes Schrifttum" verboten.

das geschah ja mit Hitler, in dem Augenblick steht Gott in der ersten Front und in der ersten Linie. Sich zu Gott bekennen und Gottes Willen zu folgen, ist ein stärkerer Zwang, als dem Willen des Gesetzes oder wer immer Autorität des Gesetzes darstellt, zu folgen — auch der Autorität des Staates. Und den Unterschied zwischen Volk und Staat, den habe ich ja schon 1918 mit der Revolution kennengelernt, bloß ich konnte sie nicht mehr miteinander in Einklang bringen, konnte das auch später nicht. Ja, aus meiner Vaterlandsliebe, die einen Knacks hatte, habe ich mich in die Heimatliebe gerettet, die keinen Knacks behielt, sondern die beim Schwingen der Sense bestehen geblieben und wieder sehr stark geworden war. Also meine Tecklenburger Heimat, die war mir Heimat geworden; das kapiert ja heute kein Mensch mehr.

Es war kein eigentlich theologisches Interesse, was dahintersteckte und den Ausschlag gegeben hätte: für Theologie als Wissenschaft, die Probleme lösen will, hatte ich von Hause aus keine Ader. Aber daß das Hören auf die Christusbotschaft und der Glaube an Christus als den Herrn und Heiland neue, freie und starke Menschen macht, dafür hatte ich in meinem Leben Beispiele gesehen, und das hatte ich aus meinem Elternhaus als Erbe mitgenommen und im Auf und Ab, im Hin und Her meines Lebens festgehalten. Damit konnte ich, das war meine Überzeugung, meinem Volk aus ehrlichem und geradem Herzen dienen; und damit konnte ich ihm vielleicht mehr und besser helfen in seiner trostlosen völkischen Lage, als wenn ich still und zurückgezogen nur einen Hof bewirtschaftet hätte, wie ich mir das gedacht hatte.

Schuldbekenntnis Stein des Anstoßes

Martin Niemöller werden bislang Ehrenbürgerrechte verweigert

Martin Niemöller hat zeit seines Lebens anstoßend gewirkt. Jetzt in seinem 91. Lebensjahr nimmt seine westfälische Heimatgemeinde Anstoß an ihm: Wersen, seit einigen Jahren Teil der Gemeinde Lotte (Nähe Osnabrück), will den streitbaren protestantischen Geistlichen nicht zum Ehrenbürger machen. Ein entsprechender Vorstoß einiger junger Leute, für die einen vom CVJM herkommend, für die anderen schlicht „Grüne", wurde jedenfalls vom Hauptausschuß ab-

Frau gearbeitet hatte. Und nun möchte er auf der elterlichen Grabstätte, die von Geschwistern zurückgekauft wurde, begraben werden. In all diesem vermag eine Mehrzahl der Kommunalpolitiker aus diesem Raum keine besonderen Verdienste um Wersen zu sehen, wie sie Paragraph 26 der Lotter Gemeindeordnung für die Ehrenbürgerschaft ausdrücklich vorschreibt.

Außerdem soll – und das konnte Bürgermeister Huth in der Erinnerung an die Sitzung

Nationalsozialisten entscheidend mitgewirkt hatte.

Für Martin Niemöller, den langjährigen Kirchenpräsidenten von Hessen-Nassau, war das aber nur eine Dimension seines Handeins. Er, der noch 1920, politisch weit rechts stehend, die Kommunisten im Ruhrgebiet aktiv mitbekämpft hatte, suchte nach dem Zusammenbruch Verbindungen zum Ostblock. Der Mann, der Adolf Hitler mit dem Pfarrernotbund Paroli gegen die Gleichschaltung bot, erhielt

Niemöller Ehrenbürger von Lotte?

Lotte. Wird Pfarrer Martin Niemöller Ehrenbürger der Gemeinde Lotte? Zwei junge Leute aus der Gemeinde haben vor kurzem den Antrag gestellt, den inzwischen 90jährigen Kirchenmann mit diesem Titel zu ehren. Der Antrag muß durch Hauptausschuß und Gemeinderat beraten werden – vor allem muß dabei auch geprüft werden, so Bürgermeister Huth, in welcher Weise sich Niemöller persönlich um die Gemeinde verdient gemacht habe, damit auch gegenübe… ufsichtsbehörde ei… tige Begründung … eihung der Ehrer… e gegeben ist. M… ller hat

Niemöller wird nicht Ehrenbürger von Lotte

Ratsmehrheit: Keine Verdienste um den Ort

Lotte (Han.-EB). – Pastor Martin Niemöller (90), streitbarer Protestant und Friedenskämpfer, wird nicht Ehrenbürger der nordrhein-westfälischen Gemeinde Lotte. Nur 13 von 31 Mitgliedern des Lotter Geme… ra-tes mochten sich am … tag hinter den Antr… junger Männer aus 1… die mit der Ehre… t den „bedeutend… ntanten … stantism…

ter in Reihen der SPD erinnerten an die Verdienste „um den Staat und damit auch um Lotte".

SPD-Bürgermeister Werner Huth sprach sich und mit ihm der größere Teil seiner Fraktion für den Antrag der jungen Männer aus, die … Friedensinitiative … or „deren Karren… DU – so Ursinus - … nen Fall spannen las… Abgestimmt … im …uen Lotter … m

‚Wer sein Vaterland beschimpft, kann kein Ehrenbürger werden'

Endgültiger Beschluß in Westfälischen Lotte / CDU will den „fanatischen Pazifisten" Martin Niemöller nicht auszeichnen

Wenn wir gerade bei der Tecklenburger Heimat sind, es gibt ja ein ganz aktuelles Ereignis. Wir haben Ihnen heute morgen die Zeitungsausschnitte gegeben zu der nicht verliehenen Ehrenbürgerschaft. Was sagen Sie jetzt heute dazu, daß Ihnen das so angesehen wird dort?

Ja, was sag ich dazu? Auf dem Lande geht die Entwicklung langsamer, nicht wahr. Die Leute sind länger Nazis geblieben als die übrigen Leute.

Auf dem Lande gibt es das noch. Vor allen Dingen auf dem katholischen Lande, die ja während der Nazi-Zeit genau so uninformiert geblieben sind, wie wir, außerhalb der Bekennenden Kirche. Das war ja das einzige Informationsorgan, was wir hatten, die Rundschreiben in den Provinzen der Bekennenden Kirche. Und was sollen die wissen, die haben in den Zeitungen gelesen, was der Pastor Niemöller für ein fürchterlicher Anti-Adenauer-Mensch gewesen ist und vorher, ja, da haben ihn die Nazis eingesperrt. Das ist überhaupt bloß ein Mensch, der im Anti lebt.

D. Schmidt: Noch eine ganz kleine Frage dazu. Hättest Du, wenn man Dich gefragt hätte, vorher, wegen der Ehrenbürgerschaft, hättest Du das überhaupt angenommen? Hättest Du ja gesagt?

Ich habe nie zu was ja gesagt, und wenn es was Ehrenvolles war, hab ich nie zu was nein gesagt. Aber ich habe auch niemals bestätigt, daß ich das und das angenommen hätte oder so. Wenn man mich vorher gefragt hat, hab ich gesagt, jawohl, ich werds annehmen.

Ich habe nie was von Auszeichnungen gehalten, und das ist mir früh ausgetrieben worden, als nämlich schon zu meiner Zeit auf seiner Majestät Schiff „Thüringen", wo ich zweiter Torpedo-Offizier war, da kriegten wir auf einem Schiff, was noch keinen Schuß abgegeben hatte im Krieg, kriegten wir EK II's. Und der erste Torpedo-Offizier kriegte es, der zweite kriegte es natürlich noch nicht, nicht wahr. Also ich hatte noch kein EK, als ich aufs U-Boot kam Ende 1915. Und dann kriegte ich es aber, als ich auf U-Boots-Kursus in Eckernförde war. Da kriegte ich ein EK II und hatte nichts geleistet.

. . . und Orden

Bundesverdienstkreuz 1970

Friedensmedaille in Gold (DDR), 1977

Lenin-Friedenspreis 1967

Am 14. Januar 1917 navigierte ich U 39 im östlichen Mittelmeer, an der Nordekke von Zypern, nach Port Said runter zum Arschloch des Mittelmeers, wie es ja hieß, und was auch wirklich so war. Und da haben wir auch noch Minen gelegt, und darauf ist dann ein russisches Linienschiff, „Peresjet", aufgelaufen. Und da haben wir auch noch ein paar Schiffe versenkt, und als wir zurückkamen mit U 39 von dieser Unternehmung, da wurde ich abkommandiert und war eigentlich reif, U-Boots-Kommandant zu werden, und dann nahm mich mein Flotillenchef, der nahm mich als seinen 1. Offizier auf den U-Kreuzer mit und versaute mir damit die Möglichkeit, selbst ein U-Boot zu übernehmen. Und das kriegte ich dann erst, als wir ein halb Jahr später von der längsten U-Boots-Unternehmung im Mittelmeer zurückgekommen waren.

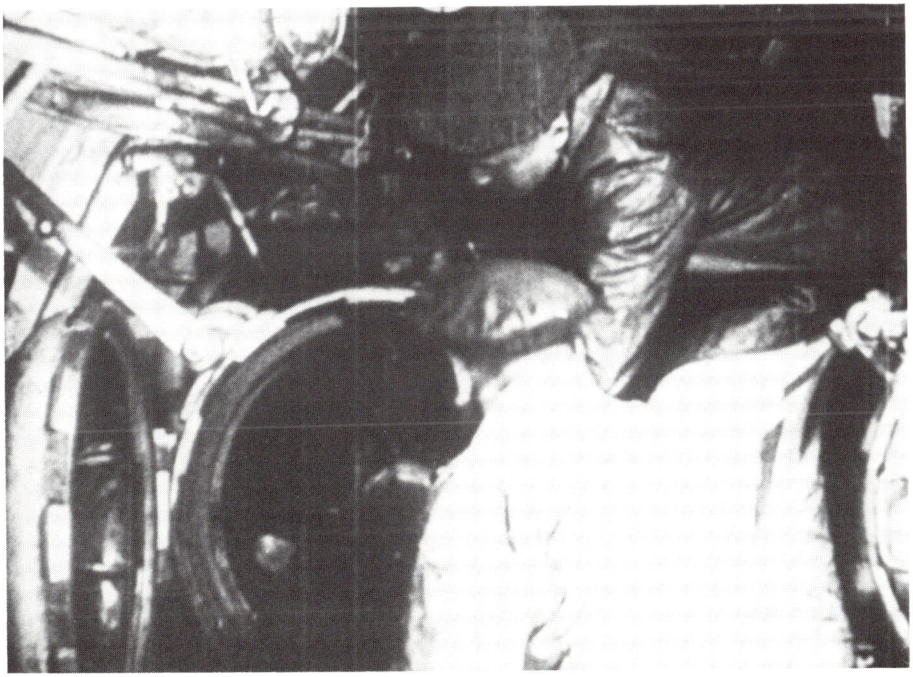

Auf U 151 zieht er im Sommer 1917 auf Handelskrieg in den Atlantik. Es wird mit 114 Tagen und 11400 Seemeilen die längste Kriegsfahrt eines deutschen U-Bootes zwischen 1914 und 1918.

Ein kurzes Gastspiel vor dem französischen Hafen Dakar an der afrikanischen Westküste soll vierzig Jahre später ein seltsames Nachspiel finden.

40 Jahre später ...
Im Frühjahr 1958 schreibt Albert Schweitzer dem Kirchenpräsidenten von Hessen und Nassau:

*„Lieber Herr Niemöller,
wo stand Ihr Unterseeboot im November 1917? Das Schiff, auf dem ich mit meiner Frau als Gefangener nach Europa befördert wurde, lag mit einem ganzen Konvoi im Hafen von Dakar und wagte sich nicht heraus, weil ein deutsches Unterseeboot davor läge.
Nun habe ich vor längerer Zeit gelesen, daß Ihr Boot zu jener Zeit, in jenen Gewässern sein Wesen gehabt habe. Es wäre mir interessant zu wissen, ob Sie mir wirklich einmal nach dem Leben getrachtet haben, was ich Ihnen natürlich im voraus verzeihen würde, christlicherweise.
Ihr ergebener Albert Schweitzer“*

Niemöller bestätigt:
*„Hochverehrter lieber Herr Professor,
ich war damals tatsächlich Erster Offizier auf U 151, und wir haben vor dem Hafen von Dakar unser Wesen oder Unwesen gehabt. Es ist aber nichts Ernsthaftes passiert bis auf eine Kanonenschießerei mit dem Dampfer Rhone. Das Schiff war aber für uns viel zu schnell.
In aufrichtiger Verehrung und dankbarer Verbundenheit Ihr Martin Niemöller"*

*Albert Schweitzer antwortet:
„Lieber Herr Niemöller,
Sie haben mir also tatsächlich aufgelauert und nach dem Leben getrachtet. Wenn es Ihnen geglückt wäre, hätten Sie jetzt einen braven Kumpan weniger im Anti-Atom-Kampf. Da es sich schon so gefügt hat, wollen wir um so besser zusammenhalten.*

Ihr ergebener Albert Schweitzer"

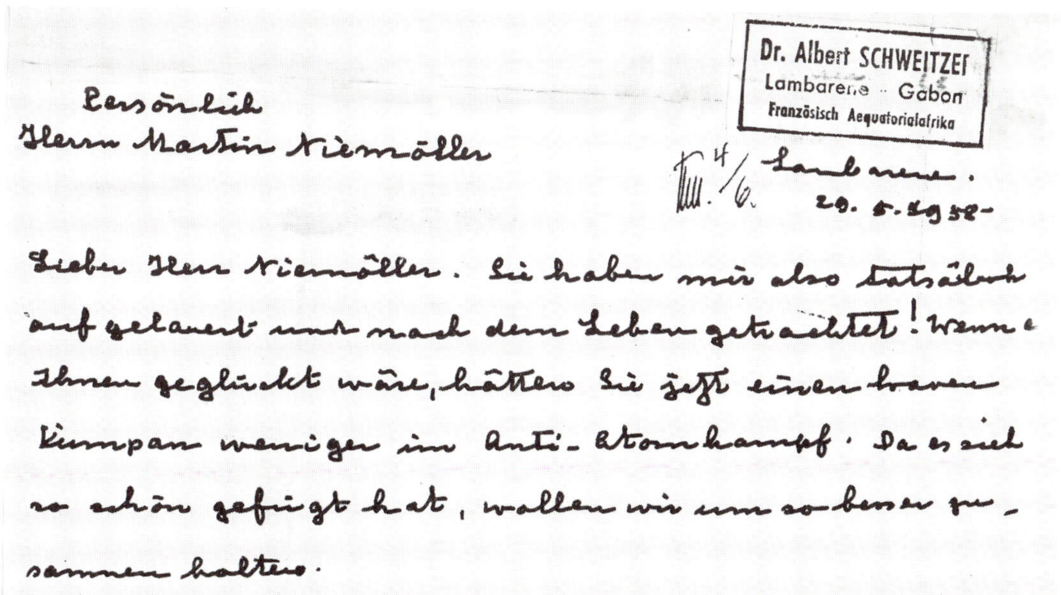

Dr. Albert SCHWEITZER
Lambarene - Gabon
Französisch Aequatorialafrika

Persönlich
Herrn Martin Niemöller

Lambarene.
20. 5. 1958

Lieber Herr Niemöller. Sie haben mir also tatsächlich aufgelauert und nach dem Leben getrachtet! Wenn es Ihnen geglückt wäre, hätten Sie jetzt einen braven Kumpan weniger im Anti-Atomkampf. Da es sich so schön gefügt hat, wollen wir um so besser zusammen halten.

Während meiner 6tägigen Hochzeitsreise, Flitterwochen nennt man so was, nicht, da hab ich mich sehr zu Hause gefühlt. Das heißt, ich habe Kraft gesammelt für ein neues Leben zu zweit. Damals gabs ja noch das schöne Dogma von dem Einswerden von zwei Menschen in der Ehe. Das habe ich noch in meinen unglückseligen Flitterwochen, die nur eine Woche gedauert hatten und vorzeitig abgebrochen werden mußten, weil nichts zu fressen mehr da war, da hab ich das doch gehabt, also das Bewußtsein.

Aber dann ging es, wollt ich houte noch nachlesen, bin aber noch nicht dazu gekommen, Schillers Lied von der Glocke: „Er stürmt ins Leben wild hinaus, durchmißt die Welt am Wanderstabe, fremd kehrt er heim ins Vaterhaus."

Vom Dahlemer Pfarrhaus ins KZ

Am 1. Juli 1931 kommt Martin Niemöller nach Berlin und wird im Villenvorort Dahlem Pfarrer an der Annenkirche.

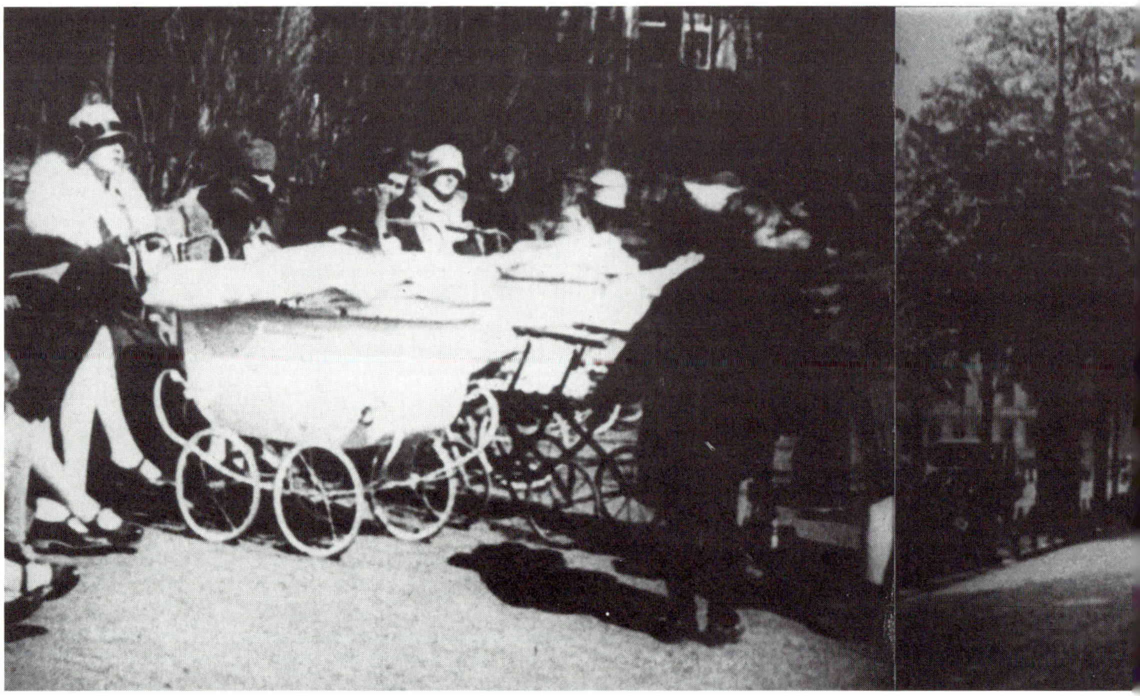

HERMANNPL
11

ROMANISCHES CAFÉ

Das „Zehlendorfer Bezirksblatt" zu Niemöllers Amtseinführung:

„Pfarrer Niemöller ist keiner von jenen Geistlichen, deren Predigt in einem geruhsam salbungsvollen Ton dahinfließt und die in patriarchalischer Weise liebevoll mahnend zu ihren Schäflein sprechen. Nein, seine Worte muten zunächst nüchtern sachlich an. Aber bald merkt man, daß in ihm, aus der klaren Erkenntnis der harten Tatsachen der Gegenwart geboren, ein lebendiger, energiegefüllter Kampfwille lebt, der, von innerem Feuer geschürt, zur Betätigung drängt. Es ist etwas asketisch Strenges in der äußeren Erscheinung des Pfarrers Niemöller, und aus seinen großen, klaren Augen spricht ein starker Intellekt, der es ihm von vornherein verbietet, seiner Gemeinde Gemeinplätze vorzusetzen. Und so wurde seine erste Predigt in Dahlem zu einem ernsten programmatischen Bekenntnis."

Der Villenvorort mit der Annenkirche aus dem 13. Jahrhundert gilt als eine der begehrtesten Pfarreien. Es ist eine verlockende Perspektive, die sich hier für den neununddreißigjährigen Pastor auftut.

D. Schmidt: Du warst ja eigentlich nur relativ kurz als wirklicher Gemeindepfarrer tätig. Hängt das vielleicht auch damit zusammen, daß Du so spät erst zur Theologie gekommen bist?

Zum Teil, nicht. Infolge der Inflation mußte ich diesen plötzlichen Ruf in die Innere Mission annehmen und hatte mein zweites Examen noch gar nicht gemacht, aber arbeitete schon als Pastor und Geschäftsführer. Und dann, nach dem ersten Halbjahr, wo ich Geschäftsführer für die Innere Mission Westfalen gewesen war, da machte ich mein zweites Examen. 1923 hab ich mein erstes Examen gemacht und während meiner Vikars-Zeit, da habe ich meine Vorbereitung gemacht fürs zweite Examen und habe gleichzeitig schwer arbeiten müssen, als Tagelöhner sozusagen, und als das dann zu Ende ging und ich nicht wußte, wovon ich meine Familie ernähren sollte, weil die Inflation so schnell ging, daß, wenn Gelder aus Berlin

für mein Vikariat ankamen, dann konnte ich mir zuletzt für ein Monats-Vikargehalt nur noch ein halbes Brot kaufen. Und dann mußte ich natürlich schwer schuften, habe nachts an meinem Examen gearbeitet und tagsüber Dienst gemacht oder umgekehrt, tagsüber am Examen gearbeitet und nachts Dienst gemacht. Da arbeitete man so 24 Stunden; und wenn man ein Büropöstchen hatte, dann lernte man da den Büroschlaf.

D. Schmidt: Aber hast Du es nie vermißt, daß Du relativ kurz nur wirklich als Gemeindepfarrer tätig warst?

Später hab ichs vermißt, und deshalb hab ich ja auch gesagt, nach sieben Jahren höre ich auf, für die Innere Mission zu arbeiten, und gehe in die Gemeinde, denn dafür habe ich studiert. Für die Arbeit in der Inneren Mission hätte ich keine Theologie zu studieren brauchen. Ich habe jeden Sonntag gepredigt, und dafür mußte man Theologie

studiert haben, jedenfalls nach den damaligen Auffassungen noch. Heute hat sich da ja auch so einiges glücklicherweise verschoben, daß man eine Predigt nicht danach beurteilt, ob sie theologisch richtig ist und ob sie ja den Text richtig auslegt. Jesus Christus, wie er uns in der Heiligen Schrift Alten und Neuen Testaments bezeugt ist, ist das eine Wort Gottes, das wir heute zu hören haben, und deshalb muß auch so gepredigt werden, daß der Mann von heute es begreift, bzw. daß er davon gepackt wird, und das kann man nicht lernen, sondern das ist eben eine Gabe des Heiligen Geistes. Und heutzutage kann man nicht predigen, weil man die Bibel kennt und weil man den wissenschaftlichen Kommentar kennt, daraus kann man lernen, wie die Leute damals das Leben Jesu verstanden haben. Aber wir können es nicht mehr so verstehen, wie die Leute von damals, denn wir sind nicht mehr die Leute von damals, sondern wir sind die Leute von heute und die Frage ist, wie kommt das an die Menschen von heute heran. Und wenn man kein Mensch von heute ist, dann kann man nicht mehr predigen.

D. Schmidt: Das heißt also mit anderen Worten, daß man nicht Theologe sein muß, um zu predigen?

Doch, man muß sogar sehr, man muß Theologe sein, wenn man eine biblische Predigt hält. Wenn man die Bibel für heute auslegen will, dann muß man Theologe sein, denn dann muß man erstmal die Predigt so verstehen, wie die Leute sie damals verstehen sollten und konnten. Und man muß sie so verstehen, wie die Leute von damals etwas verstanden haben. Das sind zwei verschiedene Dinge, d.h., das Neue Testament ist gesprochen aus der damaligen Zeit und in die damalige Zeit und wir leben sehr aus der damaligen Zeit. Aber wir stellen nicht in Rechnung, daß das für die Leute in die damalige Zeit gesprochen war. Dann kommt die Frage, wie wird dieses Wort, das wir verstehen, als das Wort in die damalige Zeit, wie wird das heute von den Leuten der heutigen Zeit verstanden als an uns heute gerichtet. Das sind zwei verschiedene Verstehensweisen.

Nur kurz währt die Zeit relativen Friedens und Zufriedenheit. Die braunen Machthaber stehen vor der Tür. Kirchenkampf, Zensur und Verfolgung werden Martin Niemöller herausfordern, und aus dem unbekannten deutsch-nationalen Dahlemer Pfarrer wird fast über Nacht der Mann, „der Hitler widerstand".

Ich möcht doch noch mal fragen. Sie sagten vorhin, Sie waren zum Teil Anhänger oder Wähler der Deutschnationalen, zum Teil auch der Nationalsozialisten, weil sie das geringere Übel waren. Warum hatten Sie damals die Meinung, daß auch die Nationalsozialisten das geringere Übel seien?

Ja, weil ich ja in der Welt lebte, die man heute krampfhaft am Leben zu erhalten versucht, daß es nichts schlimmeres gäbe als Kommunismus. Heute bin ich durchaus nicht mehr der Meinung — seit 1952 bin ich schon nicht mehr der Meinung — daß Kommunismus das schlimmste Übel ist, das die Welt bedroht.

Ich bin vielmehr der Meinung, die Jesus in den Worten zum Ausdruck gebracht hat: Ihr könnt nicht Gott dienen und dem Mammon. Ich halte das Geld für ein viel gefährlicheres Übel für die Menschheit als den Kommunismus. Denn das Geld will den Menschen ganz haben, nicht. Der Kommunismus läßt ihm noch ein paar Freiheiten übrig. Ich glaube nicht, daß der Kommunimus sich je durchsetzten wird, aber daß erstmal das Geld weg muß, damit überhaupt was besseres kommen kann, das ist mir heute klar. Ich würde also heute tatsächlich sagen, schafft mal den Mammonismus weg, dann werden wir auch mit dem Kommunismus fertig werden.

„Ich kann mich nicht entfernen von der Liebe zu diesem meinem Volk und stehe felsenfest zur Überzeugung, daß eben doch dann einmal die Stunde kommt, in der die Millionen, die uns heute verfluchen, hinter uns stehen und mit uns begrüßen werden dann das gemeinsam geschaffene, wiedererkämpfte, bitter erworbene neue Deutsche Reich der Größe und der Ehre und der Kraft und der Herrlichkeit und der Gerechtigkeit, Amen."

Adolf Hitler

30. Januar 1933: Die Nazis an der Macht

Gegen Abend bin ich auch nach Berlin reingefahren und habe mir da denn auch diesen Fackelzug angesehen, mit dem die, ja nun die Ernennung Hitlers zum Reichskanzler gefeiert wurde, und dabei hat man gedacht: Gott sei dank, jetzt ist wenigstens wieder ein Mann da, der die Sache neu anpacken muß und irgendwie neu anpacken wird.

Als ich mir das hinterher so überlegt habe, wo geht das nun hin, nicht wahr, da war eigentlich mit dem Eindruck des Fackelzugs, war eigentlich das, was ich gesucht und zu finden gemeint hatte, das war schon in der selben Nacht verflogen.

Ich habe ja erst mal zwei Jahre als Gemeindepfarrer in Dahlem gelebt und mich da ganz und gar als Gemeindepfarrer gefühlt, und die Politik, das war eine Randerscheinung für einen Gemeindepfarrer damals.

Das war auch eine Tradition, in der man drinsteckte. Ich habe keine politische Aufgabe von mir aus sozusagen angepackt, sondern ich habe gefragt, was bedeutet diese politische Aufgabe für das Wirken in meinem Tätigkeits- und Berufungsbereich als Pastor. Das heißt, was geht mich das als Pastor an, und das geht mich als Pastor an, weil die Nazis überall diese Deutschen Christen hinsetzen. Und meine Gegner sind nicht die Nazis, sondern meine Gegner sind die Deutschen Christen, bis man merkte, daß die Deutschen Christen die Leute waren, denen Hitler über Jesus Christus ging. Und das war denn die Geburtsstunde der Bekennenden Kirche.

Die evangelischen Nazis bemächtigen sich als „Deutsche Christen“ der Kirche. Viele obrigkeitstreue Kirchenmänner glauben allzugerne an das Parteiprogramm der NSDAP, in dem von einem „positiven Christentum“ die Rede ist. Als Hitler im Juli 1933 in Preußen Kirchenwahlen anordnet, erhalten die „Braunen Christen“ die Unterstützung der Nazi-Propaganda.

Adolf Hitler im Rundfunk zur Kirchenwahl:

„Im Interesse des Wiederaufstiegs der deutschen Nation, den ich untrennbar mit der nationalsozialistischen Bewegung als verbunden ansehe, wünsche ich daher verständlicherweise, daß die neuen Kirchenwahlen in ihrem Ergebnis unsere neue Volks- und Staatspolitik unterstützen werden.

Denn, indem der Staat die innere Freiheit des religiösen Lebens zu garantieren bereit ist, hat er das Recht zu hoffen, daß in den Bekenntnissen diejenigen Kräfte gehört werden möchten, die entschlossen und gewillt sind, auch ihrerseits für die Freiheit der Nation sich einzusetzen.

Dies wird aber nicht gewährleistet durch weltabgewandte und den Erscheinungen und Ereignissen der Zeit keine Bedeutung beimessende Kräfte einer kirchlichen Versteinerung, sondern durch die Kräfte einer lebendigen Bejahung.

Diese Kräfte sehe ich in jenem Teil des evangelischen Kirchenvolkes in erster Linie versammelt, die als Deutsche Christen bewußt auf den Boden des nationalsozialistischen Staates getreten sind."

Die Rechnung geht auf: Fast überall siegen die braunen Christen und benutzen ihre Dreiviertel-Mehrheit auf der Berliner Generalsynode im September '33, Hitlers „Arierparagraph" in den altpreußischen Kirchen durchzusetzen. Am 6. September 1933 beschließt die preußische Generalsynode, daß Pfarrer und Kirchenbeamte jüdischer Abstammung aus ihren Ämtern zu entlassen sind.

Eine sogenannte Nationalsynode, die von den „Deutschen Christen" beherrscht wird, wählt den Wehrmachtsprediger Ludwig Müller zum Reichsbischof.

Die Versammlung der 20000 im Berliner Sportpalast am 28. Februar 1934
Der Reichsbischof spricht

Feier im Berliner Lustgarten anläßlich der Amtseinführung von „Reichsbischof“ Müller

Reichsausgabe

Evangelium im Dritten Reich

Die Kirchenzeitung der evangelischen Nationalsozialisten

Jahrgang 3 Berlin SW 11, 30. September 1934 Nummer 39

Die Einführung des Reichsbischofs

Der Reichsbischof und Dr. Kinder in Nürnberg

Der Führer begrüßt den Reichsbischof

Das Dahlemer Pfarrhaus wird zum Zentrum des kirchlichen Widerstandes. Martin Niemöller organisiert wegen der „tiefen Beunruhigung, Verwirrung und Ratlosigkeit" in den Gemeinden die Gründung des „Pfarrer-Notbundes".

Jetzt war die Bekennende Kirche ja nicht nur eine Idee, sondern sie war ja auch eine konkrete Organisation. Wie kam es dazu?

Ja, dadurch, daß einfach die beiden jüngeren Pastoren mir auf die Bude rückten in Dahlem und mich baten, ich möchte doch den Pfarrernotbund gründen oder so was ähnliches. Ob der Ausdruck damals schon gefallen ist, das weiß ich nicht.

Mit seinem Rundschreiben Nr. 1 lehnt sich der Pfarrernotbund gegen die Anwendung des Arierparagraphen in der Kirche auf, sein Widerstand richtet sich jedoch nicht gegen die Politik der Nationalsozialisten. Im gleichen Papier wird ein Telegramm an Hitler abgedruckt, in dem Deutschlands Austritt aus dem Völkerbund begrüßt wird.

/Pfarrernotbund

Berlin-Dahlem, d. 2.11.33

/Rundschreiben Nr. 1

„... Sollten einzelnen Mitgliedern Fragebogen von ihrer Kirchenbehörde zwecks Feststellung der arischen Abstammung zugehen, so wird gebeten, davon unverzüglich Mitteilung zu machen und die Beantwortung zu unterlassen. Vom Bruderrat wird nähere Weisung ergehen...

Das Telegramm an den Reichskanzler anläßlich des Austritts aus dem Völkerbund lautet:

‚In dieser für Volk und Vaterland entscheidenden Stunde grüßen wir unseren Führer. Wir danken für die mannhafte Tat und das klare Wort, die Deutschlands Ehre wahren. Im Namen von mehr als 2500 evangelischen Pfarrern, die der Glaubensbewegung Deutsche Christen nicht angehören, geloben wir treue Gefolgschaft und fürbittendes Gedenken.'

Im Namen des Bundesrats, Niemöller"

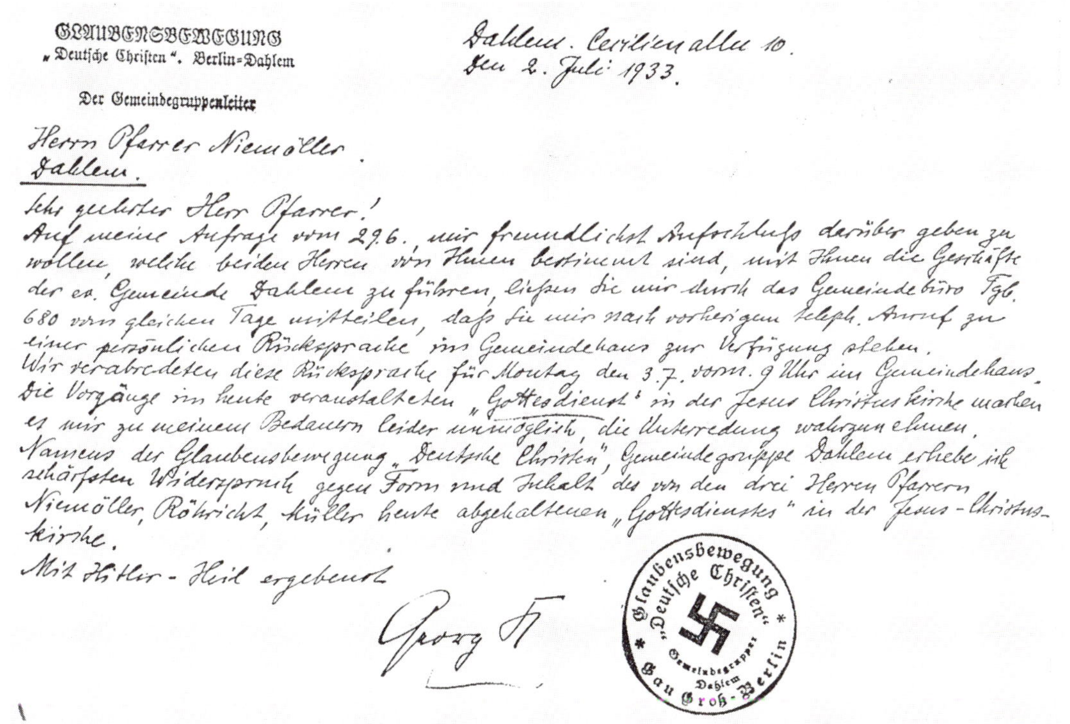

Glaubensbewegung
„Deutsche Christen". Berlin-Dahlem
Der Gemeindegruppenleiter

Dahlem. Cecilienallee 10.
den 2. Juli 1933.

Herrn Pfarrer Niemöller.
Dahlem.

Sehr geehrter Herr Pfarrer!
Auf meine Anfrage vom 29.6., mir freundlichst Aufschluss darüber geben zu wollen, welche beiden Herren von Ihnen bestimmt sind, mit Ihnen die Geschäfte der ev. Gemeinde Dahlem zu führen, ließen Sie mir durch das Gemeindebüro Tgb. 680 vom gleichen Tage mitteilen, daß Sie mir nach vorherigem teleph. Anruf zu einer persönlichen Rücksprache im Gemeindehaus zur Verfügung stehen.
Wir verabredeten diese Rücksprache für Montag den 3.7. vorm. 9 Uhr im Gemeindehaus.
Die Vorgänge im heute veranstalteten „Gottesdienst" in der Jesus Christus Kirche machen es mir zu meinem Bedauern leider unmöglich, die Unterredung wahrzunehmen.
Namens der Glaubensbewegung „Deutsche Christen", Gemeindegruppe Dahlem erhebe ich schärfsten Widerspruch gegen Form und Inhalt des von den drei Herren Pfarrern Niemöller, Röhricht, Müller heute abgehaltenen „Gottesdienstes" in der Jesus-Christus-Kirche.
Mit Hitler-Heil ergebenst
Georg F

Glaubensbewegung „Deutsche Christen" Gemeindegruppe Dahlem Gau Groß-Berlin

Beschwerdebrief der „Deutschen Christen" Dahlem

Die **Bekennende Kirche** ist der Zusammenschluß aller derer, die die Heilige Schrift Alten und Neuen Testaments nach der Auslegung der reformatorischen Bekenntnisse als die alleinige Grundlage der Kirche und ihrer Verkündigung anerkennen.

Die Glieder der Bekennenden Kirche sind durch das Evangelium aufgerufen.

Deshalb wollen sie sich zum Wort Gottes und zum Tisch des Herrn halten und ein christliches Leben führen. Sie wollen beten und arbeiten für eine Erneuerung der Kirche aus dem Wort und dem Geist Gottes. Sie wissen sich zu entschlossenem Kampf wider jede Verfälschung des Evangeliums und wider jede Anwendung von Gewalt und Gewissenszwang in der Kirche verpflichtet.

—— ∞ ——

Evangelische Bekenntnisgemeinde

Name: Niemöller

Vorname: Martin

Geburtstag und Ort: 14. 1. 92 Lippstadt

Stand oder Beruf: Pfarrer

Wohnort: Dahlem

Cäcilienallee Str. / Pl. Nr.: 61

Kirchengemeinde und Pfarrbezirk: Dahlem-Mitte

ist durch Beschluß des Bruderrates vom: 17. 7. 1934

in die Bekenntnisgemeinde aufgenommen und unter Nr. 59 in die Liste der Bekenntnisgemeinde eingetragen worden.

Bei einem Wohnungswechsel wird die Abmeldung bei dem Bruderrate der bisherigen und die Anmeldung bei dem Bruderrate der neuen Bekenntnisgemeinde erwartet.

Berlin-Dahlem, den 19. Juli 1934

Der Bruderrat.

Niemöller

Pfarrernotbund
Geschäftsstelle
Bln. Dahlem
Ladenbergstr. 7 I. r.

Anlage 2

Pfarrernotbund-Verpflichtung

1. Ich verpflichte mich, mein Amt als Diener des Wortes auszurichten allein in der Bindung an die Heilige Schrift und an die Bekenntnisse der Reformation als die rechte Auslegung der Heiligen Schrift.

2. Ich verpflichte mich, gegen alle Verletzung solchen Bekenntnisstandes mit rückhaltlosem Einsatz zu protestieren.

3. Ich weiß mich nach bestem Vermögen mit verantwortlich für die, die um solchen Bekenntnisstandes willen verfolgt werden.

4. In solcher Verpflichtung bezeuge ich, daß eine Verletzung des Bekenntnisstandes mit der Anwendung des Arierparagraphen im Raum der Kirche Christi geschaffen ist.

Datum ______________ Name ______________

genaue Anschrift. ______________

Die Staatskirche ist da!

Ein Wort zur gegenwärtigen kirchlichen Lage.

Dreierlei ist gewiß:

Nämlich erstens, daß das Wort „Staatskirche" in Deutschland einen bösen Klang hat — anders als z. B. in den skandinavischen Ländern. Das hängt mit der deutschen Geschichte zusammen und kann hier nicht näher dargelegt werden. Jedenfalls ist Staatskirche bei uns gleichbedeutend mit einer Kirche, die zum gefügigen Werkzeug politischer Machthaber geworden ist, statt das Evangelium nach dem Bekenntnis der Väter ohne Ansehen der Person zu verkündigen — einer Kirche, vor der niemand Achtung hat und die an ihrer Unfreiheit innerlich zugrunde geht.

Zweitens ist gewiß, daß niemand Schuld daran sein möchte, daß wir wieder zu einer Staatskirche kommen. Der Reichsminister Kerrl hat das gesagt. Die Kirchenausschüsse haben es gesagt. Die sog. intakten Kirchen haben es auch gesagt.

Drittens ist gewiß, **daß wir bereits mitten in der Staatskirche stehen!**

1.

Wir haben einen Reichsminister für kirchliche Angelegenheiten. Sein Ministerium ist nicht gebildet worden, um dem Kampf um die evangelische Kirche ein Ende zu machen. Vielmehr ist dies Ministerium eine Reichsbehörde, die für die Dauer alle staatlichen Aufgaben in Bezug auf die evangelische und katholische Kirche bearbeiten soll.

Der Reichsminister für die kirchlichen Angelegenheiten — nicht etwa der Minister Kerrl persönlich! — ist durch das Gesetz vom 24. September 1935 ermächtigt, „zur Wiederherstellung geordneter Zustände in der Deutschen Evangelischen Kirche und in den evangelischen Landeskirchen Verordnungen mit rechtsverbindlicher Kraft zu erlassen. Er besitzt damit eine Vollmacht, wie sie kein anderer Minister für seinen Geschäftsbereich hat. Er kann die evangelische Kirche selbständig regieren.

Dies Gesetz ist nicht befristet. Wann die Zustände in der evangelischen Kirche als „geordnet" gelten können, ob und wann daher diese besondere Regierungsvollmacht des Ministers beendet ist, bestimmt der Staat. Die Kirche hat auf diese Entscheidung keinen Einfluß.

2.

Das neue Ministerium hat zunächst die Hand auf die Finanzen der Evangelischen Kirche gelegt.

Schon kurz vorher hatte das Kultusministerium, das damals die Kirchensachen bearbeitete, Finanzabteilungen bei den Kirchenbehörden eingerichtet, die direkt vom Staat ernannt wurden und die nur noch dem Staat verantwortlich sind. Damit war die gesamte Finanzwirtschaft der Kirche dem Staat unterstellt.

Es hieß, daß das erforderlich sei, weil durch den Kirchenstreit die Finanzgebahrung in Unordnung gekommen sei. In der Tat war es in den sogen. zerstörten Kirchen, in denen das Regiment Müller-Jäger alle Rechtsordnung aufgelöst hatte, sehr zweifelhaft geworden, welche Stelle noch berechtigt sei, Kirchensteuern in Empfang zu nehmen und zu verwalten. Bald aber bekamen auch die „intakten" Kirchen ihre Finanzausschüsse, obwohl hier rechtlich alles in Ordnung war und die Kirchensteuern genau so eingingen wie immer. Damit war es am Tage, daß keineswegs nur Ordnung geschaffen werden sollte. Sondern der Staat nahm die Finanzen der Kirche auf der ganzen Linie in eigene Hand.

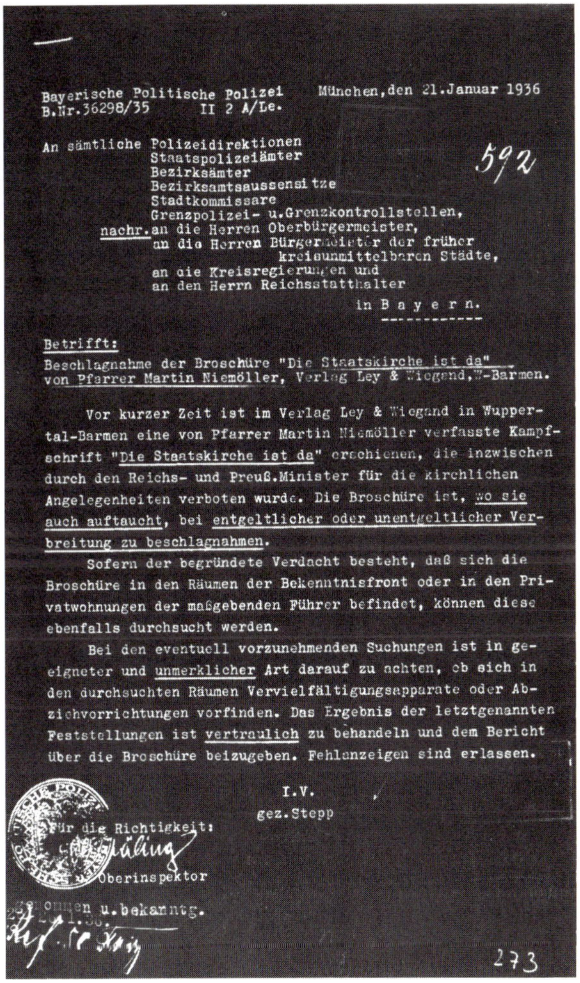

Bayerische Politische Polizei München, den 21. Januar 1936
B.Nr.36298/35 II 2 A/Le.

592

An sämtliche Polizeidirektionen
Staatspolizeiämter
Bezirksämter
Bezirksamtsaussensitze
Stadtkommissare
Grenzpolizei- u. Grenzkontrollstellen,
nachr. an die Herren Oberbürgermeister,
an die Herren Bürgermeister der früher kreisunmittelbaren Städte,
an die Kreisregierungen und
an den Herrn Reichsstatthalter
in Bayern.

Betrifft:
Beschlagnahme der Broschüre "Die Staatskirche ist da" von Pfarrer Martin Niemöller, Verlag Ley & Wiegand, W-Barmen.

Vor kurzer Zeit ist im Verlag Ley & Wiegand in Wuppertal-Barmen eine von Pfarrer Martin Niemöller verfasste Kampfschrift "Die Staatskirche ist da" erschienen, die inzwischen durch den Reichs- und Preuß. Minister für die kirchlichen Angelegenheiten verboten wurde. Die Broschüre ist, wo sie auch auftaucht, bei entgeltlicher oder unentgeltlicher Verbreitung zu beschlagnahmen.

Sofern der begründete Verdacht besteht, daß sich die Broschüre in den Räumen der Bekenntnisfront oder in den Privatwohnungen der maßgebenden Führer befindet, können diese ebenfalls durchsucht werden.

Bei den eventuell vorzunehmenden Suchungen ist in geeigneter und unmerklicher Art darauf zu achten, ob sich in den durchsuchten Räumen Vervielfältigungsapparate oder Abzichvorrichtungen vorfinden. Das Ergebnis der letztgenannten Feststellungen ist vertraulich zu behandeln und dem Bericht über die Broschüre beizugeben. Fehlanzeigen sind erlassen.

I.V.
gez. Stepp

Für die Richtigkeit:
[illegible]
Oberinspektor

[illegible]ommen u. bekanntg.
[illegible]1.36.

273

Aus Niemöllers Rede „Der Weg ins Freie“

(3. Juli 1946)

„In der evangelischen Kirche ist der Kampf um die Autorität zunächst darin zum Ausdruck gekommen, daß ein großer Teil der Christenheit selbst den Weg der Sklaverei freiwillig ging, daß ein großer Teil der Menschen in der evangelischen Kirche die Autorität Adolf Hitlers für das Gesamtgebiet des diesseitigen Lebens und auch als letzte Norm anerkannte und dabei meinte, Christen könnten wir trotzdem bleiben... .

Das ist nicht eine Auseinandersetzung gewesen zwischen Kirche und Welt, sondern das ist die Auseinandersetzung gewesen, die im sog. Kirchenkampf, ... die ganze evangelische Christenheit in zwei große Lager gespalten hat. Zwei große Lager? Ein großes Lager und ein recht kleines. Und dieses recht kleine Lager, das hieß ‚Bekennende Kirche‘ ...

Die Bekennende Kirche ist zu einem guten Kampf gerufen gewesen. Daß sie diesen Kampf nicht hat durchstehen können, daß nach wenigen Jahren die Bekennende Kirche eine schweigende Kirche mehr oder weniger geworden ist, wir Männer der Bekennenden Kirche wissen, das war nicht ohne unser Versagen.

(...)

Neben der Autorität Gottes, die uns in Jesus Christus offenbar ist, gibt es keine irgendwie gleichgeartete menschliche, weltliche Autorität. Das war die Synode von Barmen, die Bekenntnissynode gegen alles Kirchenrecht und gegen alle kirchenrechtliche Spielregeln, ein Häuflein von Christen.

(...)

Ich stand mit meiner Frau vor dem Krematorium in Dachau. Und an einem Baum vor diesem Gebäude hing ein weißgestrichenes Kistenbrett mit einer schwarzen Inschrift. Und dort stand zu lesen: ‚Hier wurden in den Jahren 1933 — 1945 238.756 Menschen verbrannt.‘

Als ichs gelesen hatte, nicht laut, merkte ich, daß meine Frau ohnmächtig wurde und an meinem Arm zitternd hinsank. Ich mußte sie stützen. Und ich merkte zugleich, wie mir ein kalter Schauer über den Rükken lief.

Ich glaube, meine Frau wurde ohnmächtig, als sie diese Viertelmillionenzahl las. Die hat mich nicht bewegt. Denn die sagte mir nichts Neues. Was mich in dem Augenblick in einen kalten Fieberschauer jagte, war etwas anderes. Das waren die anderen zwei Zahlen.

1933 — 1945 stand da. Und ich faßte nach meinem Alibi und wußte, die zwei Zahlen, das ist der Steckbrief des lebendigen Gottes gegen Pastor Niemöller.

Mein Alibi reicht vom 1. Juli 1937 bis zur Mitte '45. Da stand 1933 — 1945. Adam wo bist du, Mensch wo bist du gewesen?

1933, da war ich ein freier Mann. Herrmann Göring rühmt sich öffentlich, daß die kommunistische Gefahr beseitigt ist. Denn alle Kommunisten, die noch nicht um Vergehen und Verbrechen willen hinter Schloß und Riegel sitzen, die sitzen nun hinter dem Stacheldraht der neu gegründeten Konzentrationslager.

Adam, wo bist du? Mensch Martin Niemöller, wo bist du damals gewesen?, so fragt Gott.

Daß diese Menschen einfach ihrem Beruf, ihrer Familie, ihrem Leben weggenommen wurden und wurden der Freiheit beraubt, daß diese Menschen eine Frage Gottes an mich waren, auf die ich im Angesichte Gottes damals hätte antworten müssen, daran hab ich nicht gedacht.

Ich war damals kein freier Mensch. Ich hatte mich damals bereits meiner wahren Verantwortung begeben.“

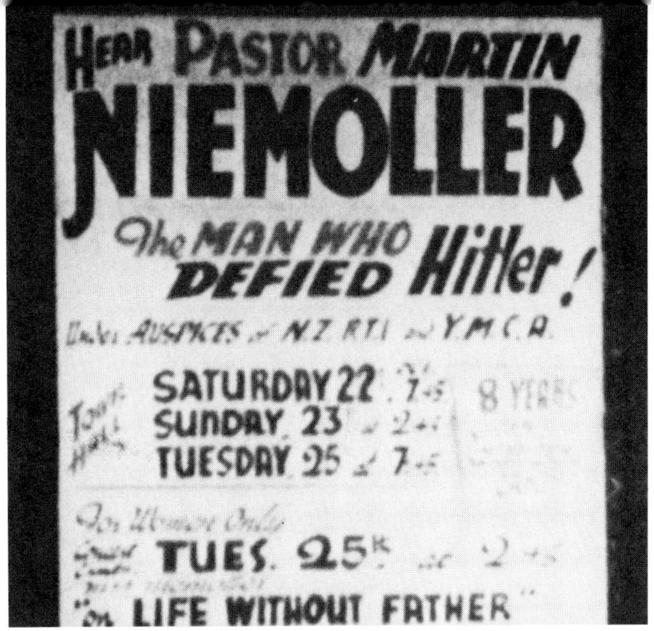

Sidney Morning Herald im August 1949:
„Der Name Martin Niemöller ist ein großer Name in der Christenheit. Viele Menschen in den unterschiedlichsten Ländern verehren und hören den Mann, der um seines Glaubens willen unter Hitler gelitten hat."

Niemöller 1949 in Australien

Der Reichsminister des Innern

Berlin NW 40, den 19. Januar 1934.

Nr. III 7013/19.1.

An

Herrn Pastor N i e m ö l l e r

in Berlin - Dahlem.

Im Auftrage des Herrn Reichskanzlers lade ich zu einer Besprechung über die Lage der Deutschen Evangelischen Kirche auf

Mittwoch, den 24. Januar d.Js. mittags 1 Uhr

in die Reichskanzlei ergebenst ein.

Frick

Am 25. Januar 1934 kommt es zu einer Zusammenkunft „evangelischer Kirchenführer“ mit dem Reichskanzler. Als „kleines Pastörchen“ ist auch Martin Niemöller dabei. Die Kirchenführer hoffen irrigerweise, Hitler für die Absetzung des Reichsbischofs Müller gewinnen zu können.

062 Telegramm Deutsche Reichspost

aus berlin /40 22/20 22/1 1230

Aufgenommen Tag Monat Jahr Zeit
a(gef 22/1 1348
von durch

Hapttelegraphenamt Berlin

pastor niemoeller
berlin dahlem

Befördert Tag 22/1 Zeit 1324
573
breib
an 2327 durch

besprechung beim reichskanzler wird auf donnerstag 25. januar 13 uhr verlegt roemisch drei 7013/22.1.

= reichsinnenminister
auftrag

buttmann +

Aber es kam doch dann zu einer einzigen Begegnung mit Adolf Hitler. Hatten Sie da noch geglaubt, mit Hilfe von Hitler oder der Nationalsozialisten die dominierende Rolle von Reichsbischof Müller und den Deutschen Christen einschränken zu können, oder?

Die Begegnung mit Hitler, ja, das kommt ja erst 34. Nachdem man die Generalsuperintendenten abserviert und lauter deutsch-christliche Bischöfe gemacht hatte, gaben die nun also Parolen aus, daß ein Jude oder ein Judenabstämmling nicht evangelischer Pfarrer sein könnte. Und dann wurden die alle rausdividiert, und das war also die erste praktische Aufgabe, die man anfassen konnte mit dem Pfarrernotbund.

Wir hatten für den Notbund die drei theologischen Sätze aufgestellt und hatten dann noch den vierten hinzugefügt..., ja, wie hieß der Satz? „Ich bezeuge, daß die Einführung des Arierparagraphen für die Verkündiger in der Kirche bekenntniswidrig ist, gegen das Bekenntnis verstößt!"

Aber dieses Bekenntnis, daß die Ablehnung der jüdischen Bürger als Pfarrer bekenntniswidrig sei, die Ablehnung des Reichsbischofs, das mußte doch dann schnell zu politischen Konfrontationen mit den Nazis führen, die ihre Autorität, ihre Macht angegriffen fühlten durch das, was die Bekennende Kirche, der Pfarrernotbund propagierte.

Sich mit Bekenntnisfragen anzulegen, das hat ja der Staat, auch der Nazistaat nach Möglichkeit vermieden und immer wieder hinausgeschoben. Also, ein Kampf gegen das anti-antiarische Bekenntnis der Bekennenden Kirche, darum hat sich der Staat herumgedrückt, kann ich bloß sagen.

Wo war denn der Punkt der Konfrontation mit den Nazis?

Das war Anfang 34, und da bin ich auch nach Haus gekommen und hab meiner Frau gesagt, ich müßte jeden Augenblick damit rechnen, daß ich jetzt hops genommen würde. Das würde mir Hitler nie vergessen, daß er das letzte Wort nicht gehabt hätte.

Vielleicht können Sie uns das kurz noch mal erzählen. Wie ist denn das abgelaufen in der Reichskanzlei damals?

Wir haben da gesessen, ja eigentlich alle, Wurm und Meiser waren dabei und Koch war dabei, der Präses Koch von Westfalen und wer sonst dabei war.

Wir saßen an einer Seite,

ich saß mit dem Rücken zum Fenster im Kreis dieser Leute; naja, es muß immerhin ein Dutzend oder etwas mehr gewesen sein.

Irgendjemand hat gesagt, wie kommt denn der Niemöller hierher?

Also da kam plötzlich der Göring rein mit fliegendem Cutaway, mit einer roten Mappe unter dem rechten Arm. Herr Göring, der war also preußischer Ministerpräsident damals und Chef der preußischen Polizei und solche Dinge mehr. Herr Göring sauste auf das Bismarckzimmer, in dem Hitler saß, los und klopfte paarmal an und ging rein.

Dann wurden wir gebeten reinzukommen. Herr Göring war durch eine andere Tür in ein Nebenzimmer gegangen. Und als es dann losgehen sollte, waren wir alle schön aufgebaut vor dem Führer, der hinter seinem Schreibtisch saß und aufgestanden war, um die Herrn Bischöfe, die ja unter uns waren, zu empfangen.

Im Vorgefühl meiner Bedeutung habe ich mich in die hinterste Reihe gestellt, weil ich der einzige Pastor

ac/Re. Berlin, den 25. Januar 1934.

N00421

Streng vertraulich!

327

Betr. Kirchenkonflikt.

N i e m ö l l e r spricht mit Unbekannt und sagt ihm unter Anderem, dass H i t l e r um 12 Uhr zu H i n d e n b u r g befohlen ist. Der Reichspräsident empfängt Hitler in seinem Ankleidezimmer. Die letzte Ölung vor der Besprechung! Hindenburg empfängt ihn mit unserem Memorandum in der Hand. Auch über das Innenministerium ist der Weg gut gewesen. (Zusatz des F.A.: Wie? war nicht zu erfassen).

„Ich bin froh, dass ich den.......? nach hier geholt habe und wir alles so gut über M e i s s n e r eingefädelt haben. Wenn es schief geht - was ich nicht glaube - haben wir eben einen schlichten Absprung mit der Freikirche.

Rufen Sie mich spät nachmittags an, dann weiss ich schon mehr."

(Aufgenommen 10^{15} Uhr.) (Z)

ohne ein kirchliches Amt, außer meinem Pfarramt in Dahlem, war, und harrte der Dinge, die kommen sollten. Und dann kam Herr Göring durch die Nebentür wieder herein, wieder mit dem roten Aktendeckel, und klappte den auf und fing dann an zu reden: „Mein Führer, der hier anwesende Pfarrer Niemöller, der hat heute morgen folgendes Gespräch geführt."

Und ich wußte zuerst nicht, wo ich denn Gespräche geführt hatte. Ich hatte das Telefongespräch mit Künneth längst vergessen. Ich hatte nicht geahnt, daß da was abgehört werden könnte, nicht auf Platte oder Band oder sonst was, das gabs noch gar nicht. Nun las er das ganze Gespräch mit Künneth, der wissen wollte, ob auch alles gut präpariert wäre, und ich sagte ihm, es wäre alles bestens präpariert, soweit ich das beurteilen könnte.

Wie gings denn weiter, nachdem Göring das Telefongespräch...

... er hat das ganze von A bis Z vorgelesen, als ob das einfach die Fortsetzung und das Ende des Gesprächs gewesen sei. Dabei hatte mir meine Vikarin, die Christa Müller, die hatte mir den Hörer aus der Hand gerissen und hat hineingerufen: „... um ihm die letzte Ölung zu geben."

Von da an wußte ich, daß Telefongespräche abgehört werden können. Das wußte ich bis dahin noch gar nicht, und dann haben wir immer die Kaffeemützen über die Telefondinger von da an gestülpt, damit man nicht mithören könnte oder so was.

Und dann?

Ja, und dann braust Hitler gegen mich los; ich hatte mich während der ganzen Geschichte durchgerudert an die Front und stand nun plötzlich unter den Bischöfen da, als kleines Pastörchen und, naja, erwartete nun den Donnerschlag, mit dem man mich hinrichten würde. Aber der Donnerschlag kam verhältnismäßig glimpflich und endete damit, daß sich Hitler an die versammelte Korona wendete, und dann schimpfte er auf die Kirche und auf die Kirchenführung in den nichtpreußischen Kirchen, wo nicht die Deutschen Christen dran waren.

Sprach Hitler Sie da auch persönlich an, oder sprach er nur allgemein?

Er hat mich persönlich natürlich auch angesprochen... aber so gewissermaßen linker Hand, du kleines Arschloch, was machst du, so hab ich ihn jedenfalls da verstanden, nicht. Was ich kleiner Kerl da eigentlich zu sagen hätte, das hat er mich merken lassen, aber nicht irgendwie in Worten ausgedrückt.

War Hitler nun einfach nur über den Ausdruck „letzte Ölung" verärgert oder über den Protest gegen den Reichsbischof?

Die „letzte Ölung", nicht wahr, man konnte merken, „was schert mich die letzte Ölung"; er ist nicht eingegangen auf diese „letzte Ölung". Aber er hatte eine innere Wut, die man spüren konnte. Er war wohl auch wütend auf Göring in der ganzen Geschichte. Also dem paßte dieses Zwischenkommen von Göring in gar keiner Weise, denn er wollte damals tatsächlich, wo er in Preußen den glänzenden Sieg mit seinen Deutschen Christen errungen hatte, auf die anderen Kirchen los.

Also das ist alles noch verhältnismäßig glimpflich verlaufen. Und dann endete er damit: „Meine Herren, wenn Sie den Reichsbischof absetzen wollen, da steht er", zeigte auf den Mann in der diagonalen Ecke, „und ich habe ihn nicht gewählt, Sie haben ihn gewählt. Und Sie können ihn absetzen, können das auch bleiben lassen, das ist nicht meine Angelegenheit, um diese Dinge kümmere ich mich nicht." Das war so der Ton. „Aber pfuschen Sie mir nicht in die Politik rein, das deutsche Volk überlassen Sie mir und sehen Sie zu, wie Sie Ihren Auftrag erfüllen und die Leute in den Himmel bringen" oder so etwas ähnliches. „Kümmern Sie sich um Ihre Dinge, und überlassen Sie das deutsche Volk mir."

Ich wollte noch was sagen, aber dann fing er bereits an und verabschiedete die hochmögenden Herrn Kirchenführer, wie das ja damals hieß, die Kirchenführer. Und dann kam er nach diesen ersten Leuten auch zu mir, und ich dachte, ob der dir die Hand gibt — und tatsächlich, er streckte mir die Hand hin, und darauf hab ich die festgehalten und habe gesagt: „Herr Reichskanzler, Sie haben gesagt, kümmern Sie sich um Ihre Dinge, aber das deutsche Volk überlassen Sie mir, Politik und so was. Die Verantwortung für unser Volk hat jemand anderes auf unser Gewissen gelegt, und die können wir nicht verweigern." So in dem Stil, nicht. Also ich habe sehr ruhig gesprochen und nicht irgendwie klotzig oder so irgendetwas, aber er riß so seine Hand aus meiner raus und ging zum Nächsten. Das war diese Geschichte.

Aus den Gestapo-Lageberichten der Provinz Brandenburg-Berlin:

November 1935
Gerade die führenden Köpfe der Bekenntnisfront wenden sich in ungewöhnlicher Schärfe gegen die Absichten des Reichsinnenministers; sie wollen eine kirchliche Hochschule der Bekennenden Kirche eröffnen ... Der Eröffnungsgottesdienst wurde auf den 01.11.1935 festgelegt. Es erfolgte ein Verbot durch die Gestapo. Trotz des Verbots kamen 200 — 300 Personen. In Anwesenheit des kurz darauf vor der Kirche eintreffenden Pfarrers Niemöller sang die Menschenmenge spontan, teils entblößten Hauptes vor der Kirche sämtliche Strophen „Eine feste Burg ist unser Gott". Bei der 4. Strophe wurde auffallend laut gesungen. Nach gemeinsamen „Vaterunser" zerstreute sich die Menge.
Am 03.11.1935 predigt Niemöller vor ca. 1500 Personen, wobei er folgendes ausführte: „In den letzten 2 Jahren haben wir viel durchkämpfen müssen und in diesen Tagen, von denen wir eine Entspannung erwartet hatten, bemächtigte sich aller eine lähmende Müdigkeit. In der heutigen Zeit der Not, der Drangsal, Mühsal, der Bedrükkung und Verfolgung des Evangeliums, müssen wir lernen, uns zusammen zu finden." Niemöller verglich die heutige Zeit mit der Zeit Martin Luthers: „Heute, wo Acht und Bann gleichwohl über unseren Häuptern schwebt, stehen wir unter dem Schutz eines Höheren."

Gegen Niemöller ist Strafverfahren eingeleitet.

Dezember 1935

Verschärfung der Lage. Die Bekenntnisfront weigert sich, die „5. Verordnung zur Durchführung des Gesetzes zur Sicherung der Deutschen Evangelischen Kirche" zu befolgen. Die Vorzensur von Rundbriefen wird nicht befolgt. Um den Kampf entschlossen und einheitlich zu führen, hat sich eine Arbeitsgruppe gebildet, der angehören: Forck (Hamburg), Humburg (Barmen), Kloppenburg (Wilhelmshaven), Müller (Dahlem), Niemöller (Dahlem), Wester (Westerland).

Originalton Wochenschau 1933:
„Die Erneuerung der christlichen Kirche, die in der Glaubensbewegung Deutscher Christen ihren starken Ausdruck findet, hat zu einer allgemeinen Rückkehr zu den Gebräuchen der Kirche geführt. So kam es überall im Reiche zu Massentrauungen. In Pankow bei Berlin traten nicht weniger als 150 Paare an, um vor dem Altar für ihren Ehebund noch nachträglich den Segen der Kirche zu erhalten."

Die Kirche war ja im alten Königreich Preußen schon restlos von den nationalsozialistischen Deutschen Christen einfach übernommen worden. Das wurden rabiate Nazis, die wollten das Nazitum nach vorne bringen, weil sie theologisch bzw. verkündigungsmäßig nichts zu bringen hatten. Und das ist im Grunde eine Schuld, ja ich würde sagen, eine Schuld unseres Glaubens an die Theologie.

Der Landesbischof
der Evangelischen Kirche der
altpreußischen Union

L.B. 265

Berlin-Charlottenburg 2
Jebensstraße 3

26. Januar 1934

KONSISTORIUM
BERLIN 29 JAN. 34

Ich weise das Evangelische Konsistorium hiermit an, den Pfarrer N i e m ö l l e r in Dahlem wegen seines kirchenpolitisch und staatspolitisch untragbaren Verhaltens mit sofortiger Wirkung vorläufig zu beurlauben und ihn anzuweisen, sich jeder pfarramtlichen Tätigkeit zu enthalten. Weitere Massnahmen behalte ich mir vor.

Ludwig Müller.

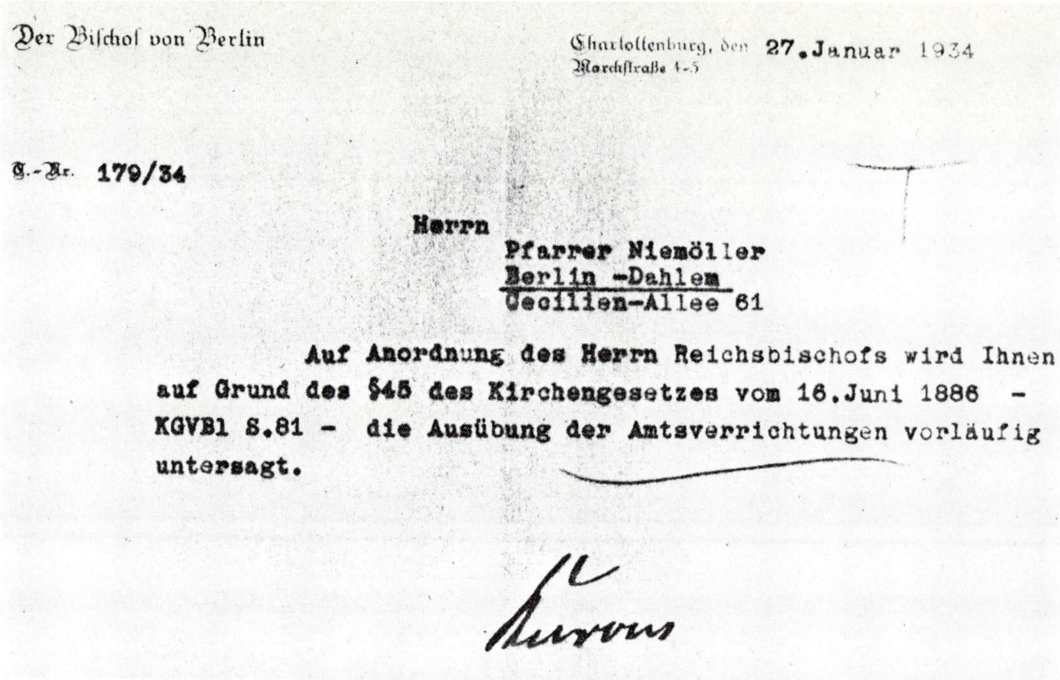

Der Bischof von Berlin

Charlottenburg, den 27.Januar 1934
Marchstraße 4-5

G.-Nr. 179/34

Herrn
Pfarrer Niemöller
Berlin -Dahlem
Cecilien-Allee 61

Auf Anordnung des Herrn Reichsbischofs wird Ihnen auf Grund des §45 des Kirchengesetzes vom 16.Juni 1886 - KGVBl S.81 - die Ausübung der Amtsverrichtungen vorläufig untersagt.

Aus der „Barmer Erklärung“
Gegen den „deutsch-christlichen“ Glauben, daß sich Gott in der Natur, in geschichtlichen Kräften oder in der Person Adolf Hitlers offenbaren könne, setzt die Bekennende Kirche ihre „Barmer Erklärung“ vom Mai 1934, in der es im Satz 1 heißt:
„Jesus Christus, wie er uns in der heiligen Schrift bezeugt wird, ist das eine Wort Gottes, das wir hören, dem wir im Leben und im Sterben zu vertrauen und zu gehorchen haben. Wir verwerfen die falsche Lehre, als könne und müsse die Kirche als Quelle ihrer Verkündigung außer und neben diesem einen Worte Gottes auch noch andere Ereignisse und Mächte, Gestalten und Wahrheiten als Gottes Offenbarung anerkennen.“

Niemöller 1934

Die Dahlemer Gemeinde ignoriert die Amtsenthebung der Kirchenregierung und „bleibt entschlossen, Martin Niemöller weiterhin als ihren Pfarrer anzusehen".
Kanzelmißbrauch und staatsfeindliche Äußerungen sind die Vorwürfe in mehr als 40 Gerichtsverfahren, die zum Jahresanfang 1937 gegen Niemöller in Gang gesetzt werden.

Mit Konfirmanden

Wenn er in der Kirche am Thielplatz in Berlin-Dahlem predigt, sind alle 1300 Plätze besetzt. Ein Tonband mit einem Predigtfragment vom 7. April 1937, drei Monate vor seiner endgültigen Verhaftung, ist erhalten:
„Das ist unsere Last, daß wir unausgesetzt Strolche, Volksfeinde und Landesverräter genannt werden und könnens nicht wehren. Wir lehnen es um der Wahrhaftigkeit und um der Ehrlichkeit willen ab, auch nur andeutungsweise von Vergehen und Schuld der Leute zu reden, die vergebens auf einen richterlichen Urteilsspruch nach dem für alle Volksgenossen geltenden Recht warten. Liebe Freunde, wir sind es der Christenheit schuldig zu sagen, sie rüsten sich wider die Seele des Gerechten und verdammen unschuldig Blut, damit die Christenheit sich nicht irreführen läßt."

Kanzlei des Führers
der N.S.D.A.P.

Nr 007223 Eing. 17. AUG. 1937

Abtlg:

Predigt

von

Pastor Martin Niemöller, D.D.

aus Berlin-Dahlem

gehalten am 27. Juni 1937

in der Jesus Christus – Kirche zu Dahlem.

Deckblatt der letzten Predigt Niemöllers vor der Verhaftung

Pfarrer Niemöller verhaftet

DNB meldet:

Am Donnerstag wurde der Bekenntnispfarrer Martin Niemöller aus Berlin-Dahlem von der geheimen Staatspolizei festgenommen und dem Richter vorgeführt, der Haftbefehl gegen ihn erlassen hat.

Niemöller hat seit langer Zeit in Gottesdiensten und Vorträgen Hetzreden geführt, führende Persönlichkeiten des Staates und der Bewegung verunglimpft und unwahre Behauptungen über staatliche Maßnahmen verbreitet, um die Bevölkerung zu beunruhigen. Desgleichen hat er zur Auflehnung gegen staatliche Gesetze und Verordnungen aufgefordert. Seine Ausführungen gehörten zum ständigen Inhalt der ausländischen deutschfeindlichen Presse.

Fighting Pastor Arrested

Martin Niemoller, famous wartime U-boat commander, now defiant leader of the German Confessional Church, was arrested in Berlin yesterday and accused of withholding church funds from the State.

Story on Page Two.

Pastor Niemoller Jailed By Nazis

Daily Express Staff Reporter

BERLIN, Thursday.

EX-SUBMARINE commander, Confessional Church leader, Pastor Martin Niemöller, has been arrested and jailed. He is accused of withholding Church funds which must be surrendered to the State under the latest decree issued yesterday by the Nazi Minister of Church Affairs.

Plain-clothes secret police arrived at his house in Berlin's fashionable Dahlem suburb at 10.15 this morning. They asked to speak to Pastor Niemöller. The maid led the way to his study. They thumped at the door, walked in.

Am 1. Juli 1937 wird Martin Niemöller verhaftet und als Staatsfeind vor Gericht gestellt.

Das Urteil vom 8. März 1938: 7 Monate Festungshaft und Geldstrafe. Es kommt einem Freispruch gleich. Doch während in Dahlem die Kinder Brigitte, Hertha, Herrmann, Jan, Jochen, Jutta, Martin und Ehefrau Else auf den Vater warten, wird Martin Niemöller als „persönlicher Gefangener des Führers" in das Konzentrationslager Sachsenhausen gebracht.

Die Familie im Pfarrgarten

Kanzelhetzer verurteilt

Berlin, 2. März

Am 7. Februar begann vor dem Berliner Sondergericht ein Prozeß gegen den Pfarrer Martin Niemoeller aus Berlin-Dahlem wegen Gefährdung des öffentlichen Friedens, Kanzelmißbrauchs und Anreiz und Aufforderung zu Zuwiderhandlungen gegen Anordnungen der Reichsregierung.

Der Angeklagte wurde am 2. März wegen fortgesetzten Vergehens gegen § 130 a, Abs. 1, StGB. zu 7 Monaten Festungshaft und wegen Vergehens gegen § 4 der Verordnung vom 28. Februar 1933 zu einer Geldstrafe von 500 Reichsmark sowie wegen eines weiteren gleichen Vergehens, teilweise in Tateinheit mit Vergehen gegen Paragraph 130a, Abs. 2 StGB., zu einer Geldstrafe von 1500 RM., im Nichtbeitreibungsfalle zu einer Gefängnisstrafe von drei Monaten verurteilt.

Das Urteil gegen Pfarrer Niemöller

Sieben Monate Festung und 2000 Mark Geldstrafe wegen Kanzelmißbrauchs

Berlin, 2. März. (DNB.)

o Am 7. Februar begann vor dem Berliner Sondergericht ein Prozeß gegen den Pfarrer Martin Niemöller aus Berlin-Dahlem wegen Gefährdung des öffentlichen Friedens, Kanzelmißbrauchs und Anreiz und Aufforderung zu Zuwiderhandlungen gegen Anordnungen der Reichsregierung. Der Angeklagte wurde am 2. März wegen fortgesetzten Vergehens gegen § 130a, Absatz 1 StGB. zu sieben Monaten Festungshaft und wegen eines Vergehens gegen § 4 der Verordnung vom 28. Februar 1933 zu einer Geldstrafe von 500 Reichsmark sowie wegen eines weiteren gleichen Vergehens, teilweise in Tateinheit mit Vergehen gegen § 130a, Absatz 2 des StGB., zu einer Geldstrafe von 1500 Mark, im Nichtbeitreibungsfalle zu einer Gefängnisstrafe von drei Monaten, verurteilt.

Eingegangen
27. NOV. 1939
Reichsleitung der NSDAP
Zentraleinlauf
28. 11. 39.

IM NAMEN DES FÜHRERS

Geschäfts-Nr. Z/Bln/75/39

In Sachen des Ministerialdirektors Pg. Dr. Ernst Brandenburg in Berlin-Zehlendorf, Thielallee 93,

Mitglieds-Nummer 3 934 008 hat die Z.-Kammer des Obersten Parteigerichtes der NSDAP in der Sitzung vom 1. Juni 1939

unter Mitwirkung

des Richters

xxxxxxxxx Pg. S c h n e i d e r als Vorsitzendem

und der Richter Pg. Koch-Schweisfurth

Pg. Dr. V o l k m a n n als Beisitzer

Pg. Gauleiter L o h s e

Pg. Hauptdienstleiter S c h m e e r als xxxxxxx Schöffen

Für Recht erkannt:

Der Pg. Dr. Ernst B r a n d e n b u r g wird aus der NSDAP.

e n t l a s s e n.

erledigt am 29 NOV. 1939

62989

Da es dem Angeschuldigten an der für jeden Parteigenossen notwendigen Grundhaltung fehlt und er kein Verständnis dafür gezeigt hat, daß er als Mitglied der NSDAP., unbeschadet seiner Gottvorstellung, verpflichtet war, dem staatsgefährlichen Verhalten Niemöllers entgegenzutreten oder wenigstens davon abzurücken, konnten seine ohne Zweifel vorhandenen ganz außerordentlichen Verdienste um Volk und Staat und sein in jeder Hinsicht anständiger Charakter für die Frage, ob er Mitglied der NSDAP. bleiben kann, zu seinen Gunsten nicht berücksichtigt werden.

gez.: Schneider
Vorsitzender

gez.: Dr. Volkmann
Beisitzer

gez.: Koch-Schweisfurth
Beisitzer

gez.: Lohse
Schöffe

gez.: Schmeer
Schöffe

Ausgefertigt:
München, den 25. Nov. 1939

Der Leiter der Geschäftsstelle:
(Maier)

Nationalsoz. Deutsche Arbeiterpartei – Oberstes Parteigericht

Verteiler:

Zuzustellen an: 1.) Dr. Ernst Brandenburg, Berlin-Zehlendorf,

Formlos: 2.) Stellvertreter des Führers
3.) Chef der Kanzlei des Führers
4.) Reichsschatzmeister
5.) Generalfeldmarschall G ö r i n g
6.) Reichsverkehrsminister Dr. Dorpmüller
7.) Korpsführung NSKK.
8.) Gaugericht Berlin
9.) Gauleitung Berlin

Die Anklage hatte im Prozeß wenig zu bieten. Zahlreiche prominente Zeugen treten für Niemöller auf. Der Ministerialdirektor im Reichsluftfahrtministerium, Dr.Ernst Brandenburg z.B., Mitglied der NSDAP, wird wegen seiner Aussage für Niemöller aus der Partei geworfen.

Aus der Begründung des Parteigerichts:
„... Der Angeschuldigte wäre als Nationalsozialist und Parteigenosse, unbeschadet seiner religiösen Anschauungen verpflichtet gewesen, den offensichtlich gegen den Staat gerichteten Äußerungen Niemöllers entgegenzutreten. Der Angeschuldigte hat erklärt, daß er Niemöller vorgehalten habe, wohin sein Verhalten führen solle, er werde sicherlich eines Tages verhaftet werden. Niemöller habe ihm daraufhin geantwortet, dann müsse er die Stunde nützen. Im übrigen, so hat der Angeschuldigte ausgeführt, sei es schwierig gewesen, Niemöller bei dessen Überzeugung und Temperament entgegenzutreten. Dem muß entgegengehalten werden, daß der Angeschuldigte, wenn er sich schon außerstande sah, Niemöller von seinem staatsgefährdenden Vorgehen abzubringen, als Parteigenosse verpflichtet gewesen wäre, sich von Niemöller zu trennen. Vom Angeschuldigten als Zeugen muß verlangt werden, daß er entsprechend dieser von ihm als Nationalsozialisten zu erwartenden Haltung auch ausgesagt hätte und dementsprechend vom Verhalten Niemöllers abgerückt wäre. Da es dem Angeklagten an der für jeden Parteigenossen notwendigen Grundhaltung fehlt, konnten seine ohne Zweifel vorhandenen außerordentlichen Verdienste um Volk und Staat und sein in jeder Hinsicht anständiger Charakter für die Frage, ob er Mitglied der NSDAP bleiben kann, zu seinen Gunsten nicht berücksichtigt werden.

Diese evangelische Kirche in Berlin-Dahlem [redacted]

[redacted]

es D. Dr. Koch, Oeynhausen, [redacted]

Pfarrer D. Paul Humburg, Barmen, bekannt als langjähriger Führer des westdeutschen Jungmännerbundes. [redacted]

Pfarrer Otto Wehr, Saarbrücken, der Vertreter des Saargebietes [redacted] Bürge für die sturmbewährte Treue der Saargemeinden zum deutschen Vaterland

Pfarrer Martin Niemöller, Berlin-Dahlem, [redacted]

Im Kriege U-Boot-Kommandant (Bild oben). Dann Kampfjahre als Bauer, Bankbeamter und Rottenarbeiter. Heute Pfarrer in Dahlem bei Berlin (Bild unten). [redacted]

Pfarrer Lic. Dr. Joachim Beckmann, Düsseldorf, [redacted] Bekanntgeworden durch seine Untersuchungen über die Bekenntnisgrundlagen unserer Kirche. [redacted]

Pfarrer Karl Lücking, Dortmund, [redacted]

Pfarrer Heinrich Held, Essen, [redacted]

Bildnachweis. Seite 1: phot. Hübschmann (Ma Seite 2: phot. Hölldorf. — phot. v. Perckhamme ritius). Seite 3: phot. G. Jonas. Seite Hans Retzlaff, Berlin. — phot. G. Jonas. — phot. Szigethy. Seite 6: phot. B. Lohse. Seite 7: phot. Staatl. Bildstelle. Seite 8: phot. G. Jonas.

Verlag der Essener Druckerei Gemeinwohl, G.m.b.H., Essen.
Verantwortlicher Schriftleiter:
Direktor Liz. Ludwig Seiler, Esse

Zensierte Kirchenzeitung „Kirchlicher Sonntagsgruß“

Das ganze Gericht sagte, wir stimmen nicht zu, daß der jetzt ins KZ kommt, und Hitler sagte, dann ist der Mann mein persönlicher Gefangener. Und damit war ich Staatsfeind.

Was hat Hitler denn so aufgeregt an Ihren Äußerungen, welche Äußerungen waren das, die ihn zu solchen Reaktionen veranlaßt haben?

Wahrscheinlich, daß ich seine höchste Autorität nicht anerkannte.

Wir haben ja einen ganz aktuellen Bezug, wir haben ja in zwei Tagen den 30.Januar, 50 Jahre nach der sogenannten Machtergreifung Hitlers 1933.

Ja, wer hat eigentlich das mit der sogenannten Machtergreifung aufgebracht? Das ist zwar eine Richtigstellung, bloß heute wird das Wort Machtergreifung ja doch immer wieder mißverstanden dahin, als hätten die Nazis, was sie mit ihrem Marsch in München damals nicht erreicht haben, als hätten sie das am 30. Januar erreicht. Aber in Wirklichkeit haben sie es ja nicht am 30. Januar erreicht, sondern das haben sie ja vorher erreicht und durch die Kleinarbeit in der Menge. Sie habens nicht mit den paar außerordentlichen Persönlichkeiten oder so zustandegebracht, sondern mit dem, was diese Persönlichkeiten in der Menge erreicht haben. Und damit haben sie dann schließlich diesen beachtlichen Anwachs bekommen; und gleichzeitig durch die absolute Unfähigkeit nicht nur des Herrn Papen und seiner Kollegen, sondern des ganzen Systems. Mit dem Nationalsozialismus wäre es zu Ende gegangen, wenn nicht das Geld noch dahinter gesteckt hätte.

Das wollt ich grad fragen.

Ich sage immer, nicht wahr, das wichtigste Wort für meine Auffassung von der Welt und meiner Umwelt, ist das Wort, was Jesus in der Bergpredigt gesagt haben soll; jedenfalls steht das nun mal gedruckt und Martin Luther hat es da so stehen lassen und man könnte fragen, ob das nicht ein Stück Heiliger Geist wäre, was da sichtbar wird, daß er es hat stehen lassen. Ich glaube gar nicht, ich meine gar nicht, daß es da irgendwie ursprünglich in den Zusammenhang gehört, in dem es im Matthäus 6 steht: „Keiner kann Gott dienen und dem Mammon." Man könnte erwarten im Zusammenhang, daß Jesus was von „hütet euch davor, Mammonsknechte zu werden" oder so etwas gesagt hätte. Aber daß das so prinzipiell dahin gestellt ist, das läßt ja auf eine Randbemerkung bei irgendeinem Abschreiber schließen. Daß das jemand gelesen hat, dabei ist ihm ein Licht aufgegangen, und dann hat er geschrieben: „Niemand kann Gott dienen und dem Götzen Mammon", und das hat er an den Rand geschrieben. Und dann hat man hinterher gesagt, das ist ja gut und richtig, was der an den Rand geschrieben hat, und hat es da reingeschrieben, so wie man damals mit Manuskripten umgegangen ist, was durchaus verständlich ist. Also ich glaube auch, daß der Text des Neuen Testaments, so wie wir ihn haben, nicht auf göttlicher Offenbarung beruht, daß man das Neue Testament so abgegrenzt hat, wie wir es heute im Besitz haben. Und der Kanon ist ja nun ein fürchterlicher Besitz geworden in den Händen von Leuten, die meinen, da haben wir das Wort Gottes im Griff, statt zu hören, was wollte Jesus da eigentlich sagen.

Das ist etwas geworden, was tatsächlich ohne den Geist Gottes, ohne daß man selbst eine Erleuchtung bekommt vom Geiste Gottes, nicht zu verstehen ist und zum toten Dogma wird. Ich nehme das natürlich als eine Bestätigung für mein Vorurteil, was dann bei mir zum Urteil geworden ist: Dieses Wort, vom Paulus ist es wohl, „der Buchstabe tötet und der Geist macht lebendig, der Geist ists, der lebendig macht ..." Die ganze Bibel von A bis Z, von Genesis bis zur Offenbarung Johannes, kann uns gar nichts wirklich sagen, nicht zu uns sprechen ohne den Geist Gottes.

Wir haben eine Kunde von Jesus von Nazareth, und wir brauchen den Geist Gottes, um diese Kunde zu verstehen, was sie heute uns sagen will. Und wenn der Geist zu uns durch Jesus spricht, dann geht uns auf, wer Gott wirklich ist oder was Gott wirklich ist oder wie immer man das sagt, ob Gott eine Person ist und wie Gott eine Person ist und solche Dinge, und was damit gesagt wird, daß Jesus Gott ist, der unbegreiflich und unverständlich für uns bleibt und bleiben will. Was Jesus meint, wenn er Gott in seiner Zeit als unseren Vater nicht pater noster, sondern Vater von uns bezeichnet, was er damit aussagen will, was in Jesus und in seiner Seele lebendig war und zum Ausdruck drängte und seine Verkündigung war und uns heute noch lebendig machen will. „Ich bin der Weg, die Wahrheit, das Leben", daß das etwas ist, was allgegenwärtig auch für uns und heute und gestern und auch morgen und auch wenn wir tot sind, was dann übrigbleibt und weiterlebt und weiter Menschen greift und Menschen, die es mal erfaßt hat, hält, ja, bewahrt, aber nicht konserviert.

Naja, also das sind Dinge, die unaussagbar, weil sie unaussprechlich sind und bleiben und bleiben werden bis zu dem Tag, wo Gott seinen Schlußpunkt hinter seine Schöpfung setzt und der Herr Jesus wiederkommt und alles vollendet ist. So sagen wir es heute noch, weil wir in der Sprache unserer Vorfahren und unserer Vorvorfahren uns auszudrücken versuchen müssen. Entschuldigen Sie, aber man darf ja auch wohl einmal gegen Ende des irdischen Daseins so reden...

D. Schmidt: Wir sind sehr dankbar. Das ist natürlich die Essenz, und eigentlich hat man gar keinen Mut, da von sich aus irgendetwas zu sagen. Es ist mir dauernd durch den Kopf gegangen dabei, daß dann, wenn das so ist, und ich glaub es auch, daß dann der Anspruch der Kirchen, daß der Geist sich ausgerechnet bei ihnen niederläßt, doch sehr oft sehr fragwürdig ist. Also ich will mal direkt sagen, könnte es nicht sein, daß der Geist heute in einer ganz anderen Himmelsrichtung sich niedergelassen hat?

Das hab ich schon längst geschrieben, nicht. Ich habe so gesagt: Wer kann denn behaupten, daß die Mission der Welt, daß diese Botschaft von Europa ausgeht oder von Amerika ausgeht. Ob die nicht aus Asien oder Südafrika oder aus Südamerika kommt. Wer will denn so etwas sagen, nicht. Kein Mensch ist befugt, darüber irgendetwas auszusagen, und ich muß sagen, je deutlicher mir wird, daß der Geist weht, wo er will, du kennest sein Brausen wohl, aber du weißt nicht, von wann er kommt und wohin er geht. Ich kann doch nicht behaupten, nicht wahr, der Heilige Geist, der geht einmal in die heidnisch gewordene, heidnisch gebliebene oder wieder heidnisch gewordene Welt von heute. Wer will denn behaupten, daß Europa christlicher wäre als, ja sagen wir als Südafrika. Wer will behaupten, daß Amerika christlicher wäre im Norden als im Süden oder dergleichen Dinge. Ist doch alles eine hochmütige, wahnsinnige Behauptung. Wer will so etwas sagen ... nein.

Wann ist denn dieses Gedicht entstanden mit dem Spruch: Als sie die Kommunisten abholten, schwiegen wir ...?

Das war kein Gedicht, nein. Ich hatte mal in Oefflers Gemeinde gepredigt, da war damals der Generalbischof der lutherisch-slowakischen Kirche dabei in Siegelbach bei Kaiserslautern. Da hatten wir hinterher eine Besprechung mit der Gemeinde in einem Gemeindesaal in der unmittelbaren Nähe der Kirche. Da haben die Leute nun ihre Fragen gestellt und vom Leder gezogen. Und dann haben sie gefragt, ob wir denn nicht aufgewacht wären nach der Kristallnacht 1938. Und ich sage, um Gottes Willen, also fragen Sie mich nicht nach 38, ich bin 37 in die Gefangenschaft geraten und habe seitdem immer in der Einzelzelle gesessen und im übrigen, sehen Sie, als die erstmal die Kommunisten eingesperrt, und davon haben wir vielleicht gleich was gehört, ich weiß es nicht mehr, aber wir haben dagegen nicht aufbegehrt, daß die Kommunisten eingesperrt wurden, denn wir lebten ja für die Kirche und in der Kirche und die Kommunisten waren ja keine Freunde der Kirche, sondern im Gegenteil ihre erklärten Feinde, und deshalb haben wir damals geschwiegen. Und dann kamen die Gewerkschaften, und die Gewerkschaften waren auch keine Freunde der Kirche, und wir haben mit denen wenig Beziehungen oder gar keine mehr gehabt und haben gesagt, also laß die ihre Sachen selber ausfechten.

Es gab keine Niederschrift oder Kopie von dem, was ich gesagt hatte, und es kann durchaus gewesen sein, daß ich das anders formuliert habe. Aber die Idee war jedenfalls: Die Kommunisten, das haben wir noch ruhig passieren lassen; und die Gewerkschaften, das haben wir auch noch passieren lassen; und die Sozialdemokraten haben wir auch noch passieren lassen. Das war ja alles nicht unsere Angelegenheit. Die Kirche hatte ja mit Politik damals noch gar nichts zu tun, und man sollte ja damit nichts zu tun haben. Wir wollten in der Bekennenden Kirche anundfürsich ja auch keinen politischen Widerstand darstellen, sondern wir wollten für die Kirche

Postkarte, die von den Anhängern der Bekennenden Kirche verschickt wurde

feststellen, das ist nicht recht und das darf in der Kirche nicht Recht werden, deshalb hatten wir schon 33, als wir den Pfarrernotbund gründeten, als 4. Punkt da drin: Wenn gegen Pfarrer Front gemacht wird und sie einfach ausgebootet werden als Pastoren, weil sie Judenstämmlinge oder so was gewesen sind, dann können wir als Kirche nur sagen: Nein. Und das war dann der 4. Punkt in der Verpflichtung, und das war wohl die erste contra-antisemitische Lautwerdung aus der Evangelischen Kirche. Das ist nur das, was ich sagen kann zu dieser Geschichte mit dem: Als sie die Kommunisten einsperrten, da hat man nichts gesagt, wir waren keine Kommunisten und waren durchaus einverstanden, daß wir diese Gegner vom Halse hatten. Aber wir haben uns noch nicht verpflichtet gesehen, für Leute außerhalb der Kirche irgendetwas zu sagen, das war damals noch nicht Mode, und so weit waren wir noch nicht, daß wir uns für unser Volk verantwortlich wußten.

Wie ist es heute, wenn z.B. Sachen passieren wie Berufsverbote? Geht das auch die Kirche was an, wenn Leuten ihre Existenz und Berufsausbildung weggenommen wird?

Aber sicher geht das die Kirche was an, und deshalb bin ich ja auch gegen die bürokratisierte Kirche, die immer erst fragt, gibt es einen Paragraphen, durch den das gedeckt ist, und gibt es eine Vertragsabmachung, durch die das gedeckt ist, daß wir zu solchen Dingen was sagen können. Da kann ich bloß sagen, das ist eine Verordnung des Paragraphen, der hat mehr Autorität als der Herr Jesus und der Heilige Geist.

Als die Nazis die Kommunisten holten,
habe ich geschwiegen;
ich war ja kein Kommunist.

Als sie die Sozialdemokraten einsperrten,
habe ich geschwiegen;
ich war ja kein Sozialdemokrat.

Als sie die Gewerkschafter holten,
habe ich geschwiegen;
ich war ja kein Gewerkschafter.

Als sie mich holten, gab es keinen mehr,
der protestieren konnte.

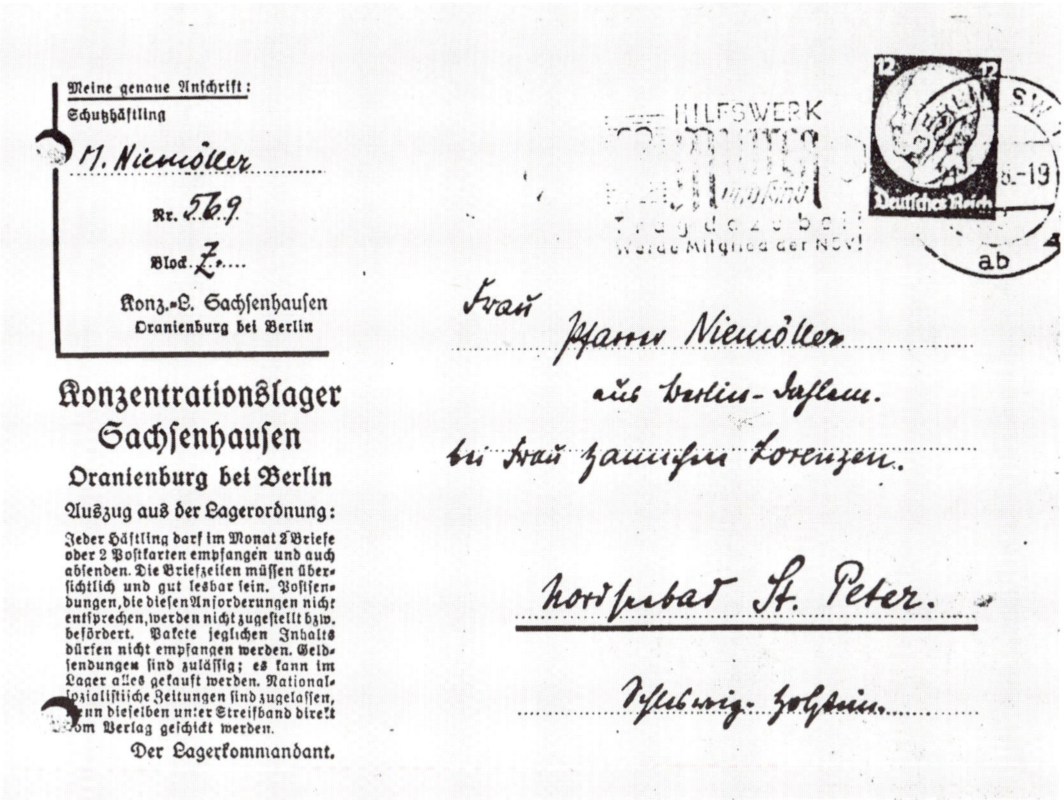
Meine genaue Anschrift:
Schutzhäftling
M. Niemöller
Nr. 569
Block Z
Konz.-L. Sachsenhausen
Oranienburg bei Berlin

Konzentrationslager
Sachsenhausen
Oranienburg bei Berlin
Auszug aus der Lagerordnung:
Jeder Häftling darf im Monat 2 Briefe oder 2 Postkarten empfangen und auch absenden. Die Briefzeilen müssen übersichtlich und gut lesbar sein. Postsendungen, die diesen Anforderungen nicht entsprechen, werden nicht zugestellt bzw. befördert. Pakete jeglichen Inhalts dürfen nicht empfangen werden. Geldsendungen sind zulässig; es kann im Lager alles gekauft werden. Nationalsozialistische Zeitungen sind zugelassen, wenn dieselben unter Streifband direkt vom Verlag geschickt werden.
Der Lagerkommandant.

HILFSWERK
Werde Mitglied der NSV!
Deutsches Reich
12
ab

Frau
Pfarrer Niemöller
aus Berlin-Dahlem.
bei Frau [illegible] Lorenzen.
Nordseebad St. Peter.
Schleswig-Holstein

In der „Kristall-Nacht" des 9. November 1938 brennt die SA jüdische Gotteshäuser nieder und zertrümmert jüdische Geschäfte. Martin Niemöller wird seit März 1938 als Schutzhäftling Nr. 567 im Konzentrationslagerr Sachsenhausen/Oranienburg festgehalten. Nach dem Krieg schreibt er:

„Es gab 1938 und in den darauf folgenden Jahren in Deutschland vierzehntausend evangelische Pfarrer und annähernd ebensoviele Gemeinden. ... Wenn wir gesehen hätten, daß beim Beginn der Judenverfolgung der Herr Christus es war, der in den geringsten unserer menschlichen Brüder verfolgt und geschlagen und umgebracht wurde, wenn wir da zu ihm gestanden und uns zu ihm bekannt hätten, ich weiß nicht, ob Gott uns dann nicht beigestanden hätte und ob dann nicht das ganze Geschehen einen anderen Lauf hätte nehmen müssen. Und wenn wir mit ihm in den Tod gegangen wären, ob es dann nicht bei einigen zehntausend Opfern geblieben wäre?"

(Martin Niemöller „Zur gegenwärtigen Lage der evangelischen Christenheit" — Reden 1945 — 1954)

KZ Dachau

Als wir am 27. Januar 1983 zum 8. Gespräch in die Wiesbadener Brentanostraße kommen, hören wir im Treppenhaus Musik aus Martin Niemöllers Arbeitszimmer. Mit laufender Kamera betreten wir den Raum. Eine Platte von Bing Crosby spielt. Erst zu Hause identifizieren wir den Titel des Liedes „It's Time To Say Good Bye Now".

D. Schmidt: Melde mich zur Stelle.

So Dietmar, setz Dich mal wieder auf meinen alten Lieblingsplatz. So, jetzt will ich das mal erst abstellen, beseitigen. Dies ist Dein Kaffee Hag, hat mir die Billa vorhin schon annonciert.

D. Schmidt: Vielen Dank.

Das ist ein Schnaps, der gehört mir. Aber jetzt will ich erstmal den anderen Herren Guten Morgen sagen. Also wie gehts?

Uns gehts ganz gut.

Tag Herr Richter, Tag Herr Karnick. Schön. ...

Nochmal zu der Zeit unmittelbar nach dem Krieg, zu dem Stuttgarter Schuldbekenntnis. Was hatte das eigentlich für eine Funktion, wie sah das eigentlich aus, dieses Stuttgarter Schuldbekenntnis von damals?

Da ging es um die Frage, was ist jetzt eigentlich Aufgabe der Kirche. Denn in der Zwischenzeit war alles das, was wir mal 1933 gewollt hatten und 34 gewollt hatten, ja über Bord gespült. Nämlich nicht Hitler ist Herr der Kirche, sondern Jesus von Nazareth, der Christus, ist Herr der Kirche. Und das stand schon in den Barmer Sätzen als erster theologischer Satz drin, dank Karl Barth. Und inzwischen hatten wir gemerkt, wie wichtig dieser Satz war und daß alles, was an diesem Satz sich vorbeidrückte, im Grunde auf einen Abweg führte. Und diesen Abweg wollten wir nicht zum Weg der evangelischen Kirche in Deutschland nach 1945 werden lassen.

In den letzten Monaten meiner Haftzeit, da kam die Frage, wer ist nun eigentlich schuld daran, daß sowas passieren kann. Da war unser alter Kapo, der wurde als Henker benutzt von der Wachmannschaft. Und dafür kriegte er jedesmal eine Pulle Schnaps, konnt er sich ordentlich besaufen, und dann verrichtete er diese Henker- und Handlangerdienste. Da stand so ein Galgen in diesen letzten Wochen und Monaten vor meinem Zellenfenster, und dann sah man morgens, wie jemand da aufgehängt wurde von den Geheimgefangenen, die im Zellenbau als Einzelhäftlinge saßen. Die anderen Hinrichtungen, die fanden ja auf dem Appellplatz statt.

Und dann hab ich mich gefragt, wer hat es eigentlich nun nötiger, daß wir für ihn beten: Der, der da aufgehängt wird oder der, der den aufhängt. Ich wußte nichts davon, daß das der alte Kapo war, das war ja nur so ein Ausschnitt. Das Wachpersonal vom KZ, die mußten die Leute aufhängen, nicht, und die kauften sich mit einer Pulle Schnaps dann einen Gefangenen, der ihnen das dafür besorgte. Und der alte Dings, der hat soviel schon auf dem Kerbholz gehabt, dem machte das überhaupt nichts. Und dabei ist mir diese Frage gekommen: Was weiß die Kirche eigentlich von Schuld oder Sünde, nicht wahr. Gott vergibt die Sünde, das ist sein Geschäft, sagte bei uns einmal einer von den katholischen Prälaten.

War das ein Schlüsselerlebnis, diese Hinrichtung zu sehen im Konzentrationslager, und sich da die Schuldfrage zu stellen?

Ja, nicht wahr, das eine Erlebnis, das macht einem ja frühere Erlebnisse bedeutsam, die einem dann bewußt werden. Und mir ist diese Sache bewußt geworden: Was wir eigentlich als Kirche und als christliche Brüder schuldig geblieben sind, auch den Nazis gegenüber schuldig geblieben sind. Wer ist denn schuld an dem allen, dieser verrückte oder halbverrückte oder dreiviertelverrückte Hitler oder die Leute, die Hitler als ein willkommenes Werkzeug für ihre Pläne und Ziele haben benutzen können. Und was hat die Kirche da gemacht, und was haben die Deutschen Christen gemacht, was haben die Neutralen gemacht und was haben die Leute, die vom christlichen Glauben was hätten wissen müssen und gewußt haben, aber das ist bei ihnen zugedeckt gewesen, was haben die eigentlich gemacht? Was haben wir eigentlich gemacht? Nüscht.

Haben Sie sich da selbst eingeschlossen, auch ganz persönlich als Mensch, in diese Schulderklärung, obwohl Sie ja nun wirklich einer waren, der nicht zu den Unbewußten gehört hat?

Sicher, ja, weil ich es gewußt habe. Ich hätte ja bloß denken müssen an das, naja, ich hab Ihnen das Buch gezeigt mit „Was würde Jesus dazu sagen" auf dem Deckel. Wir stehen doch auf der richtigen Seite, nicht, aber wir tun nichts. Das ist vielfach so das Bewußtsein, auch bei den Mitgliedern der Bekennenden Kirche, gewesen. Nicht die Fragen: Was müssen wir nun tun, und was sind wir eigentlich jetzt zu tun Gott schuldig? Das war dann die Frage, mit der wir uns herumgeschlagen haben in Stuttgart.

Im Oktober 1945 kämpft Martin Niemöller im Rat der Evangelischen Kirche um die entscheidenden Sätze der „Stuttgarter Erklärung".

Wir klagen uns an! Und ich wollte eigentlich das Wort „selber" dabei haben. Und das haben sie denn auch wieder zur Entschärfung da rausgemacht.

„Wir, die Evangelische Kirche in Deutschland, wir klagen uns an, daß wir nicht mutig genug bekannt und nicht treu genug gebetet und nicht fröhlich genug geglaubt und nicht brennend genug geliebt haben."

Hat denn diese Erklärung was ausgelöst, wirklich das in Bewegung gesetzt, was Sie sich vorgestellt haben?

Darum hab ich ja gepredigt. Und damit bin ich ja nicht übergekommen, nicht wahr, weil zu der selben Zeit Jaspers mit seiner Formulierung von der Kollektivschuld kam. Das wurde mir auch dann zugeschrieben, und ich habe es nie gebraucht und habe es nicht erfunden, sondern habe, wenn man mich drauf ansprach, immer gesagt: Zei-

---

Aus der „Stuttgarter Schulderklärung":
„Der Rat der Evangelischen Kirche in Deutschland begrüßt bei seiner Sitzung am 18./19. Oktober 1945 in Stuttgart Vertreter des Ökumenischen Rates der Kirchen.
Wir sind für diesen Besuch umso dankbarer, als wir uns mit unserem Volk nicht nur in einer großen Gemeinschaft des Leidens wissen, sondern auch in einer Solidarität der Schuld. Mit großem Schmerz sagen wir: Durch uns ist unendliches Leid über viele Völker und Länder gebracht worden. Was wir unseren Gemeinden oft gesagt haben, das sprechen wir jetzt im Namen der ganzen Kirche aus: Wohl haben wir lange Jahre hindurch im Namen Christi gegen den Geist gekämpft, der im nationalsozialistischen Gewaltregime seinen furchtbaren Ausdruck gehabt hat, aber wir klagen uns an, daß wir nicht mutiger bekannt, nicht fröhlicher geglaubt und nicht brennender geliebt haben ...
... Wir hoffen zu Gott, daß durch den gemeinsamen Dienst der Kirchen dem Geist der Gewalt und der Vergeltung, der heute von neuem mächtig werden will, in aller Welt gesteuert werde und der Geist des Friedens und der Liebe zur Herrschaft komme, in dem allein die gequälte Menschheit Genesung finden kann."

Alte Ritterkreuzträger bei der Beerdigung von Hitlers einstigem „Großadmiral“ Dönitz (1981)

Im Ausland reagiert man mit Erleichterung und Freude auf die Stuttgarter Erklärung als Zeichen eines Neuanfangs, während diese Worte, wie viele gleichlautende Predigten von Martin Niemöller, in Kreisen der deutschen Bevölkerung einen Sturm der Entrüstung auslösen: „Dies ist ein Dolchstoß wie 1918!“, „Wer hat die Kirche zum Bekenntnis einer Kollektivschuld legitimiert?“, „Das liefert den Siegermächten Argumente für ein zweites Versailles!“ und ähnliches mehr ist zu hören.

Martin Niemöller schreibt am 22. Juni 1946 an Hans Assmussen, Leiter der Kanzlei der EKiD:
„... In den Landeskirchen herrscht überall eine kaum noch zu verbergende Politik der Restauration und Reaktion, nicht das Wort Gottes und seine kräftige Hervorhebung in der Verkündigung und Ordnung der Kirche stehen im eigentlichen Mittelpunkt, sondern Bestrebungen, die ‚Heimatkirche‘, die rechtlich verfaßte Kirche von vorgestern, die konfessionalistische Eigenbrödelei und hierarchisch-liturgische Romantik zu entscheidenden Gesichtspunkten zu machen.
Die entscheidenden Gesichtspunkte, die sachlich im Vordergrund stehen müßten, wie die Behandlung der Schuldfrage und damit die Predigt von Buße und Glaube, werden nicht ernst genommen ...“

Am 22. Juli 1946 an Landesbischof D. Wurm, Ratsvorsitzender der EKiD:
„Leider mußte ich feststellen, daß die Stuttgarter Erklärung, abgesehen von meiner Vortragstätigkeit, für die evangelische Gemeinde praktisch ein Stück Papier blieb.“

Flugblätter der Bekennenden Kirche

Wort des Bruderrats der Bekennenden Kirche (Darmstadt, 8. August 1947)

1. Uns ist das Wort von der Versöhnung der Welt mit Gott in Christus gesagt. Dies Wort sollen wir hören, annehmen, tun und ausrichten. Dies Wort wird nicht gehört, nicht angenommen, nicht getan und nicht ausgerichtet, wenn wir uns nicht freisprechen lassen von unserer gesamten Schuld, von der Schuld der Väter wie von unserer eigenen und wenn wir uns nicht durch Jesus Christus, den guten Hirten, heimrufen lassen auch von allen falschen und bösen Wegen, auf welchen wir als Deutsche in unserem politischen Wollen und Handeln in die Irre gegangen sind.

2. Wir sind in die Irre gegangen, als wir begannen, den Traum einer besonderen deutschen Sendung zu träumen, als ob am deutschen Wesen die Welt genesen könne. Dadurch haben wir dem schrankenlosen Gebrauch der politischen Macht den Weg bereitet und unsere Nation auf den Thron Gottes gesetzt. Es war verhängnisvoll, daß wir begannen, unseren Staat nach innen allein auf eine starke Regierung, nach außen allein auf militärische Machtentfaltung zu begründen. Damit haben wir unsere Berufung verleugnet, mit den uns Deutschen verliehenen Gaben mitzuarbeiten im Dienst an den gemeinsamen Aufgaben der Völker.

3. Wir sind in die Irre gegangen, als wir begannen, eine «christliche Front» aufzurichten gegenüber notwendig gewordenen Neuordnungen im gesellschaftlichen Leben der Menschen. Das Bündnis der Kirche mit den das Alte und Herkömmliche konservierenden Mächten hat sich schwer an uns gerächt. Wir haben die christliche Freiheit verraten, die uns erlaubt und gebietet, Lebensformen abzuändern, wo das Zusammenleben der Menschen solche Wandlung erfordert. Wir haben das Recht zur Revolution verneint, aber die Entwicklung zur absoluten Diktatur geduldet und gutgeheißen.

4. Wir sind in die Irre gegangen, als wir meinten, eine Front der Guten gegen die Bösen, des Lichtes gegen die Finsternis, der Gerechten gegen die Ungerechten im politischen Leben und mit politischen Mitteln bilden zu müssen. Damit haben wir das freie Angebot der Gnade Gottes an alle durch eine politische, soziale und weltanschauliche Frontenbildung verfälscht und die Welt ihrer Selbstrechtfertigung überlassen.

5. Wir sind in die Irre gegangen, als wir übersahen, daß der ökonomische Materialismus der marxistischen Lehre die Kirche an den Auftrag und die Verheißung der Gemeinde für das Leben und Zusammenleben der Menschen im Diesseits hätte gemahnen müssen. Wir haben es unterlassen, die Sache der Armen und Entrechteten gemäß dem Evangelium von Gottes kommendem Reich zur Sache der Christenheit zu machen.

6. Indem wir das erkennen und bekennen, wissen wir uns als Gemeinde Jesu Christi freigesprochen zu einem neuen, besseren Dienst zur Ehre Gottes und zum ewigen und zeitlichen Heil der Menschen. Nicht die Parole: Christentum und abendländische Kultur, sondern Umkehr zu Gott und Hinkehr zum Nächsten in der Kraft des Todes und der Auferstehung Jesu Christi ist das, was unserem Volk und inmitten unseres Volkes vor allem uns Christen selbst nottut.

7. Wir haben es bezeugt und bezeugen es heute aufs neue: Durch Jesus Christus widerfährt uns frohe Befreiung aus den gottlosen Bindungen dieser Welt zu freiem, dankbarem Dienst an seinen Geschöpfen. Darum bitten wir inständig: Laßt die Verzweiflung nicht über euch Herr werden, denn Christus ist der Herr! Gebt aller glaubenslosen Gleichgültigkeit den Abschied, laßt euch nicht verführen durch Träume von einer besseren Vergangenheit oder durch Spekulationen um einen kommenden Krieg, sondern werdet euch in dieser Freiheit und in großer Nüchternheit der Verantwortung bewußt, die alle und jeder einzelne von uns für den Aufbau eines besseren deutschen Staatswesens tragen, das dem Recht, der Wohlfahrt und dem inneren Frieden und der Versöhnung der Völker dient!

gen Sie mir erstmal etwas, was mich von einem Kollektivgewissen überzeugen kann, an das ich bis jetzt nicht glaube. Und glaube, daß das meine ganz persönliche Angelegenheit ist und nicht eine Sache, die ich mit anderen teile. Mit anderen Christen kann ich es teilen, wenn der andere Christ in dieses Bekenntnis einwilligt: Ich bin schuld, ich allein bin schuld und ich bin schuld mit, wenn andere sich als schuldig erklären, dann gehöre ich dazu, aber ich bin nicht schuld, weil ich Mitglied des deutschen Volkes bin. Mich hat das doch sehr, schon im letzten Jahr in Dachau, mit meinem Volk verbunden und nicht nur mit den Leuten, die da mit mir da in Dachau saßen, sondern auch mit denen, die uns bewachen mußten und denen, die sich einen von den Häftlingen für eine Pulle Schnaps oder zwei kauften, damit er den Henkerdienst tat, für sie, was sie eigentlich tun mußten und wofür sie verantwortlich waren, daß das auch richtig vollzogen wurde usw. Wo ich mich gefragt habe, das hab ich Ihnen schon gesagt, mit dem Blick auf den Galgen, wer hat es nun mehr nötig, daß man für ihn die Hände faltet und Fürbitte tut, für den Mann, den sie da aufgehängt haben oder für den Mann, der ihn aufgehängt hat oder für die Leute, die mit einer Pulle Schnaps sich einen gekauft haben, um den aufzuhängen.

Also, ich muß sagen, dieses Schuldbewußtsein, daß man damals nicht geschrien hat und nicht gesagt hat, hängt mich auf oder so, das verbindet einen wieder mit dieser ganzen peinlichen und unwillkommenen Schuldgemeinschaft, die Volksgemeinschaft war und eben blieb. Man konnte sich davon nicht loslösen. Und das hat doch erheblich gewirkt.

Das Konzentrationslager hat in mir alle Selbstgerechtigkeit wirklich kaputt gemacht.

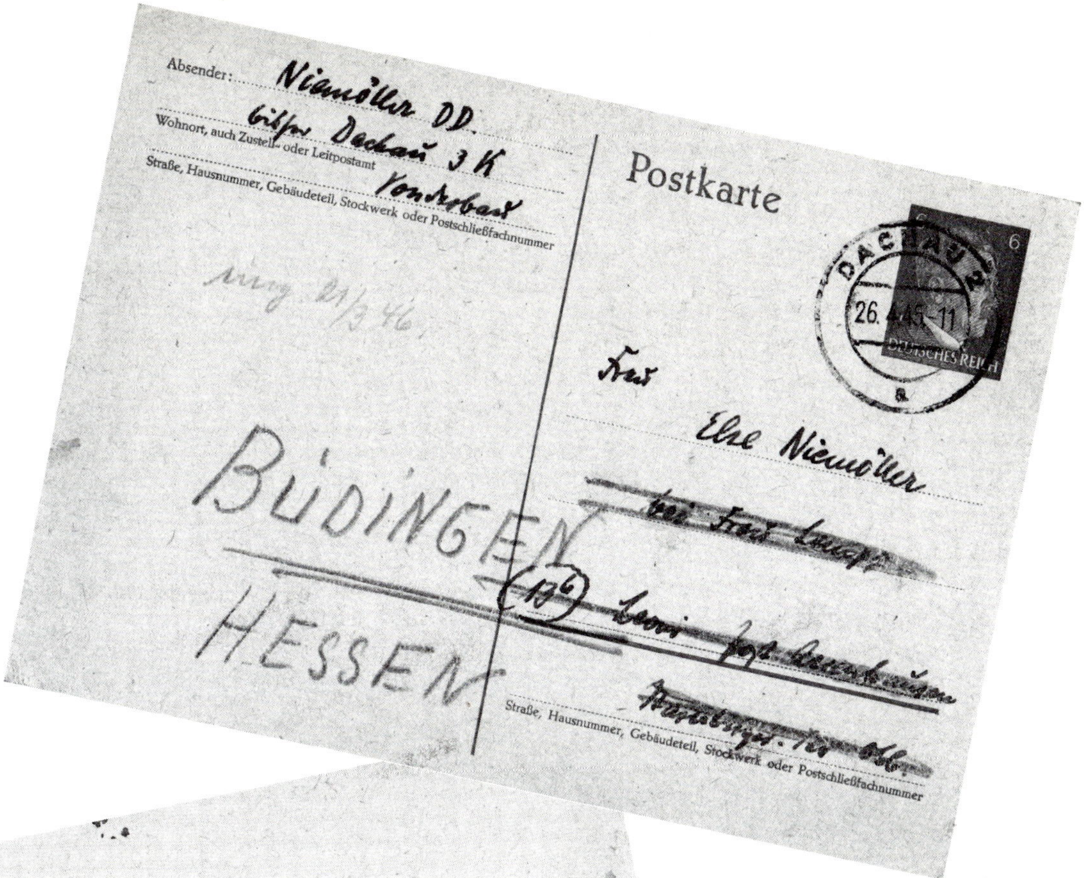

Absender: Niemöller DD.

Postkarte

Frau Else Niemöller

BÜDINGEN HESSEN

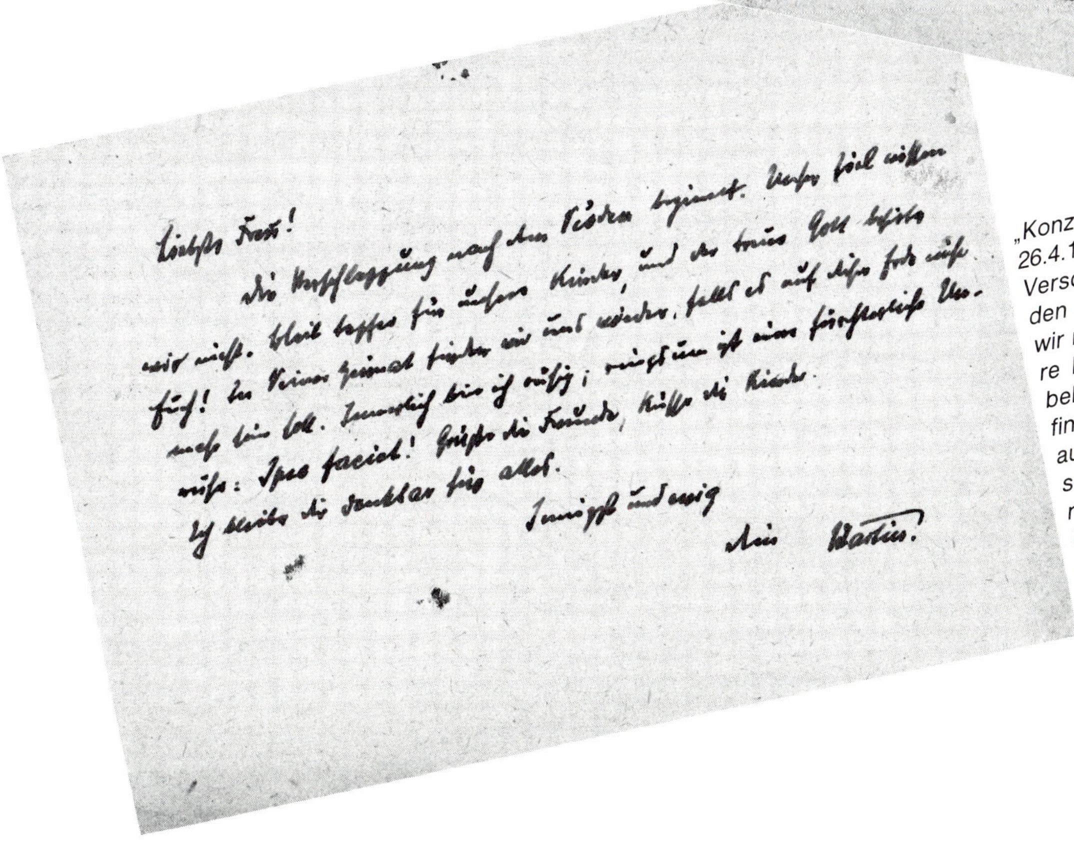

„Konzentrationslager Dachau, 26.4.1945. Liebste Frau, die Verschleppung nach dem Süden beginnt. Unser Ziel wissen wir nicht. Bleib tapfer für unsere Kinder, und der treue Gott behüte Euch. In seiner Heimat finden wir uns wieder, falls es auf dieser Erde nicht mehr sein soll. Innerlich bin ich ruhig, ringsum ist eine fürchterliche Unruhe. Ipse faciet. Grüße die Freunde, küsse die Kinder, ich bleibe Dir dankbar für alles, innigst und ewig Dein Martin."

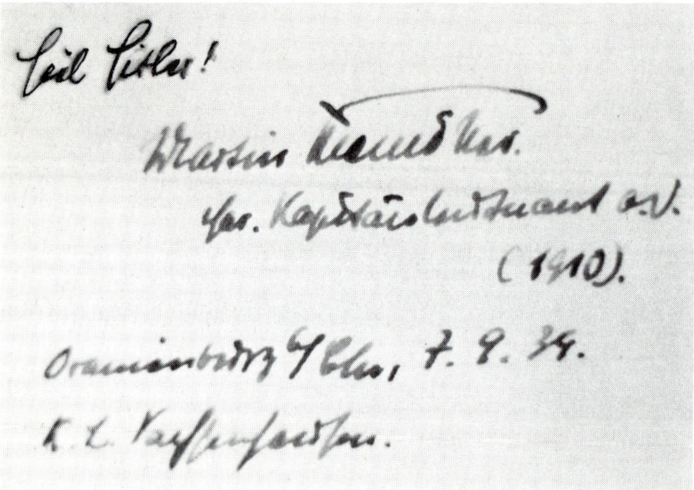
Heil Hitler!

Martin Niemöller.

(1910).

Oranienburg b/Berlin, 7. 9. 39.

K. L. Sachsenhausen.

Unterschrift Niemöllers unter sein Schreiben, mit dem er sich aus dem KZ um Wiederaufnahme in den Militärdienst bewarb

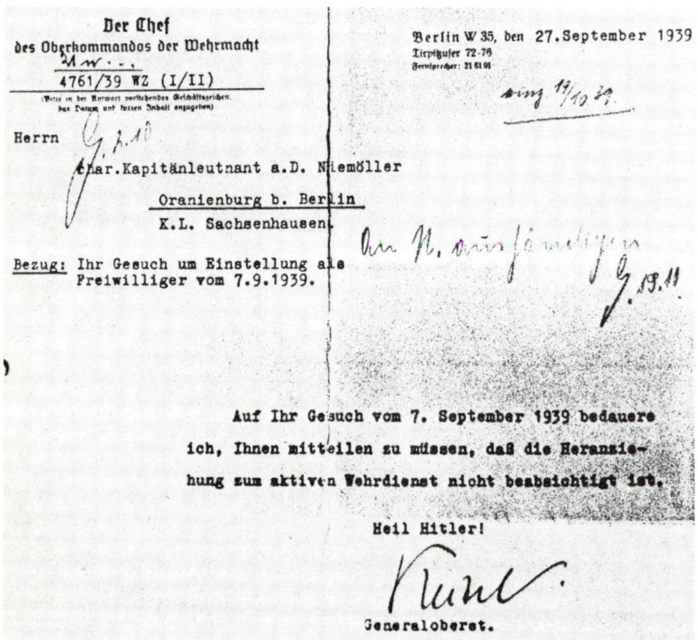
Der Chef
des Oberkommandos der Wehrmacht
4761/39 WZ (I/II)

Berlin W 35, den 27. September 1939
Tirpitzufer 72-76

Herrn

Mar. Kapitänleutnant a.D. Niemöller

Oranienburg b. Berlin

K.L. Sachsenhausen

Bezug: Ihr Gesuch um Einstellung als Freiwilliger vom 7.9.1939.

Auf Ihr Gesuch vom 7. September 1939 bedauere ich, Ihnen mitteilen zu müssen, daß die Heranziehung zum aktiven Wehrdienst nicht beabsichtigt ist.

Heil Hitler!

Generaloberst.

Als ich wieder raus kam 1945 aus dem KZ, da hat mich diese Änderung, beziehungsweise die verhinderte Änderung und Wandlung, das hat mich erschlagen geradezu.

Damals bin ich richtig ein Gegner geworden für die Siegermächte und auch für die gehobenen Klassen, die es verstanden, mit ihren Persilscheinen so zu tun, als hätten sie gar keine Schuld daran.

Sie haben sich ja dann relativ früh ausdrücklich zum Pazifisten bekannt, aber andererseits noch aus dem KZ heraus eine Bewerbung praktisch um Aufnahme, Wiederaufnahme in den Militärdienst der Wehrmacht, der Nazis damals geschrieben. Wie ist eigentlich dieser Schritt von demjenigen, der im KZ sich noch als Freiwilliger bewerben wollte zu erklären, zu demjenigen, der nach dem Krieg absoluter überzeugter Pazifist wurde?

Sicher, da muß ich ein bißchen weiter ausholen, insofern, als ich natürlich nicht gemeint habe, ich wollte den Krieg für Hitler führen, aber ich wollte den Krieg für mein Volk und Vaterland führen, weil schon damals klar war, daß, wenn das mit einer Niederlage und einem Sieg der sogenannten Alliierten enden würde, daß dann von Deutschland und vom deutschen Volk und von einer deutschen Nation wenig übrigbliebe und so weiter. Das heißt, wir wollen, daß aus dem deutschen Volk nie wieder ein Staat wird, der was zu sagen hat.

In der zweiten Hälfte '45, da bin ich zwar noch nicht Revolutionär geworden, denn ich glaubte noch an die gesellschaftliche Struktur, wie sie vorher gewesen war und wie sie dann auch wieder kam und wo man wahrscheinlich unbewußt zur Restaurierung dieser Struktur von damals, auch noch ohne es zu wollen, beigetragen hat.

Als „Botschafter der besseren Deutschen“ um die Welt

Die prominenten Häftlinge von Dachau werden in die Tiroler Bergwelt verschleppt und sollen hier auf Befehl Himmlers ermordet werden. Das SS-Kommando wird in letzter Minute von versprengten Soldaten der deutschen Wehrmacht unter Wichard von Alvensleben verjagt.

Am 3. Mai 1945 geraten Niemöller und seine Schicksalsgefährten am Pragser Wildsee in Tirol in die Hände der 7. US-Armee, werden „unter Bewachung gehalten" und verhört. Befehlsgemäß schreibt er in Neapel, wohin er inzwischen gebracht wurde, ein Memorandum über die politische Zukunft Deutschlands. Es enthält die Warnung vor einer übereilten Wiederbelebung der Parteien und die Empfehlung, zunächst eine Verwaltung von unten aufzubauen. Die Denkschrift verschwindet auf Nimmerwiedersehen.

In Neapel interniert

US-Armeezeitung „Stars and Stripes“:

„Pastor Niemöller, den die Welt als Symbol der Kräfte betrachtete, die gegen die Nazis arbeiten, hat die Märtyrerkrone von seinem Kopf gerissen. Sein Geständnis hat ergeben, daß der bekannteste der guten Deutschen

1. seine Auseinandersetzung mit Adolf Hitler auf rein religiöse und unpolitische Gründe zurückführte;

2. glaubt, daß die Art der Demokratie, unter der ein Deutschland leben kann, noch nicht erfunden ist;

und

3. bereit war, gegen die Demokratien zu kämpfen und um aktive Verwendung in der Flotte während des Krieges nachgesucht hat.“

Noch einmal „Stars and Stripes“:

„Es besteht der Eindruck, daß Niemöller einige sehr dumme Sachen gesagt hat. Er war acht Jahre im KZ und ist nicht ganz auf der Höhe seiner Zeit. Er sollte in die Berge gehen, lesen und nur ein paar ausgesuchte Leute sehen, bis er seine seelische Spannkraft wiedergewonnen hat.“

Martin Niemöller darf weiterhin nicht zu seiner Familie zurückkehren. Neapel, Versailles und Wiesbaden sind die Stationen dieser „Gefangenschaft ohne Ketten“. Nach zwei Monaten erzwingt er durch einen Hungerstreik seine Freilassung.

Was für ein Verhältnis hatten Sie denn zum Staat überhaupt zu der Zeit?

Ja, zum Staat ... Der Staat ist eine Notwendigkeit. Und ein Staat, der demokratisch zustande kommt, dem folge ich, solange ich nicht irgendwelche Gewissensbedenken habe, bei dem oder jenem mitzumachen. Dann sag ich nein. Aber deshalb bin ich nie in eine Partei eingetreten in meinem Leben, weil ich nicht sagen kann, ich verpflichte mich, das Parteiprogramm einzuhalten, denn ob das Parteiprogramm morgen noch stimmt, ob das morgen noch gut ist, ob ich zu dem Parteiprogramm morgen noch ja sagen kann, das weiß ich ja noch nicht. Was macht die Partei aus dem Programm? Und in der Partei bin ich ein einzelner, der vereinnahmt ist von der Majorität. Aber wenn ich nicht einer Partei angehöre, dann kann ich von der einen Partei zur anderen mit meiner Wahlstimme, und was anderes hat ja der Wähler überhaupt nicht zu bestimmen. Das andere ist ja die Frage der Mehrheit in der Partei, und dann wirds Mehrheit im Parteivorstand. Also, ich hab mich mit dem Gedanken einer auf Parteien gegründeten Demokratie nie befreunden können. Man muß, nach meiner Meinung, den Bürger bilden.

Ich habe immer die Meinung vertreten, Demokratie ist bloß möglich, so weit und wo der Bürger sich verantwortlich weiß für das, worüber er mitbestimmen soll. Und das fängt im Dorf, in der Dorfgemeinschaft an, oder in der Kleinstadtgemeinschaft oder in der Teilgemeinschaft in einer Großstadt. Auch eine Großstadt ist heute schon nicht mehr demokratisch wirklich zu regieren, weil man dazu eben schon Zwischeninstanzen nötig hat, die dafür sorgen, daß in ihrem Zwischenbereich der Bürger von seiten der Verantwortung, für die er sich äußern und mitbestimmen soll, Bescheid weiß. Und das hatte ich, habe ich 1945 vorgeschlagen, daß man in Deutschland die großen Parteien zunächst gar nicht wieder zulassen sollte.

Wie haben Sie denn gedacht, wie es nach dem Krieg weitergeht hier? Haben Sie eine Vorstellung gehabt davon, wie Leben, wie Staat, wie Gemeinschaft weitergehen kann nach der Befreiung?

Ja, also 45, nicht wahr. Meine Denkschrift, die ich damals in Neapel verfaßt habe. Denkschrift ist viel gesagt, aber da war ein Vertreter von dem Herrn Murphy, der Stellvertreter bei Eisenhower war 1945 in Frankfurt. Und, ich weiß nicht mehr wie er hieß, ein Untergebener von dem Herrn Murphy, der war abgesandt nach Neapel zu dem britischen Marschall Alexander, der im Mittelmeer den Oberbefehl hatte, und der kam zu mir ins Hotel und sagte, ich möchte in seine Villa da unten an der Bucht von Neapel kommen, und da wäre eine Schreibmaschine und Papier und da könnte ich doch mal aufschreiben, wie ich mir denn nun eine demokratische Zukunft in dem besiegten Deutschland vorstellen würde. Und da hab ich dann eine Denkschrift verfaßt und gesagt, sie möchten vor allen Dingen die großen Parteien, also was heute etablierte Parteien heißt, die möchten sie nicht wieder zulassen. Aber als ich sechs Wochen später dann nach Frankfurt kam, da waren die Parteien im amerikanischen Besatzungsteil jedenfalls schon wieder da. Und ich hatte vorgeschlagen, sie sollen die großen Städte aufteilen und im übrigen in den Landkreisen in kleineren Wahlbe-

zirken die Leute wählen lassen zur Vertretung ihrer Interessen. Dafür könnten sie sich Zeit nehmen, und dann könnte man überlegen, was man außerdem noch an Vertretung machen könnte. Also es ging mir nicht um eine nationale Reinstitution des deutschen Reiches oder des Dritten Reiches oder irgend so etwas, sondern es ging mir darum, daß Menschen als Bevölkerung wieder füreinander verantwortlich gemacht werden und leben könnten. Es ging um Lebensmittelversorgung und solche rein äußerlichen Dinge. Daß sich daraus wieder eine Kultur, ja ein kulturelles Verhalten darstellen und entwickeln könnte. Daß man daraus was anderes machen mußte.

Nach 45, da hat es doch bei Ihnen auch eine Wandlung gegeben.

Ich habe ja, als wir nach Hause kamen 45, mich ganz auf das konzentriert, was übrig war vom Reichsbruderrat. Als ich inhaftiert wurde 37, da hatten sie 80 Prozent vom Reichsbruderrat bereits verhaftet und vom preußischen Bruderrat in der Friedrich-Werderschen-Kirche in Berlin. Ich habe erst später gehört, daß ich persönlicher Gefangener des Führers war, und daß man an meinem Zustand nichts ändern durfte, ohne die Zustimmung von Hitler zu haben. Auf die Art und Weise war ich noch 14 Tage länger frei geblieben, bis man die Zustimmung von Hitler hatte. Dann hat man mich verhaftet, aber da hatte ich inzwischen den Reichsbruderrat wieder aufgefüllt. Und dieser Reichsbruderrat, der ist bestehen geblieben durch die Bekenntnissynoden, die unterirdisch gehalten wurden während des Krieges. Die Bekennende Kirche war also noch da, als Struktur war sie noch da, aber als unterirdische Struktur.

Nach 45 haben wir in Treysa das, was übrig war von Bekennender Kirche und von strukturierter Kirche, wieder zusammengeflickt. Aber der Rat, der in Treysa gebildet wurde, das waren elf Leute, die gehörten alle nominell zur Bekennenden Kirche, und ich bin beinahe rausgegangen aus der Geschichte damals, weil man Meiser, den Landesbischof von Bayern, mit hinein haben wollte. Und da hab ich gesagt, wenn Meiser reinkommt, dann geh ich weg. Und dann hat Karl Barth, der dabei war, mich überredet, nicht rauszugehen, wenn Meiser käme. Und ich hab mich überreden lassen. So ist Meiser da mit reingekommen, und dieser Rat hat die Verfassung der evangelischen Kirche in Deutschland mit dem Verfassungsausschuß gebaut — und das war nun die Struktur von einst. Die alten Kirchengrenzen blieben erhalten aus der Zeit vor der Bekennenden Kirche, denn die Bekennende Kirche hatte es ja nicht so weit gebracht, kirchliche Grenzen zu ändern. Und so sind wir in die alten Grenzen und mit der Verfassung der EKD auch in das alte Strukturprogramm reingekommen. Als man mich rausschmiß aus dem Rat, d.h. als man mir das kirchliche Außenamt wegnahm, weil es nicht lutherisch genug war, sondern zu ökumenisch war ...

...das waren aber doch sicher nicht nur kirchliche Gründe, sondern das waren doch sicher auch handfeste politische Interessen, die zu dem Verlust des Außenamtes führten?

Ich glaube sogar, daß die politischen Gründe die stoßkräftigen wurden.

Martin Niemöller reist als „Botschafter der besseren Deutschen" um die Welt.

Else und Martin Niemöller in den USA, 1946

Ich hatte das kirchliche Außenamt, und ich hatte Gott sei Dank, und das danke ich der Eleonore Roosevelt und dem Adolf Hitler selber, daß man in der weiten Welt meinen Namen kannte, und wo ich hinkam, wurde ich begrüßt als einer, naja.
Und konnte da nun sagen, also Krieg ist nicht mehr, aber die Leiden sind geblieben, und für die haben wir noch zu sorgen. In der Weise, daß ich für meine hungernden Landsleute von Amerika her sorgen konnte im Jahre '46, das habe ich genutzt so gut ich konnte.

Da wurde Pastor Niemöller aus Dahlem, der wurde plötzlich zum großen Helden gemacht, und zwar in der ganzen Christenheit. Man nimmt sich eben heraus, und das Top-Beispiel dafür war die Eleonore Roosevelt, die Witwe vom Präsidenten, nicht wahr, die hatte mich glorifiziert und glorifizieren lassen durch Zeitungen und was sie alles aufgestellt haben da in Amerika, von dem ich nichts wußte, weil wir ja nur den „Völkischen Beobachter" in die Zelle kriegten, und da wurde darüber natürlich kein Wort berichtet. Als ich 45 nun wieder aus der nationalsozialistischen Gefangenschaft befreit wurde, fiel das alles wie ein großer Lavastrom über mich her. Und damals habe ich die Amerikaner noch nicht durchschaut, nicht wahr, und war dann überrascht, ein Jahr später, als ich nach Amerika hinkam, daß die Eleonore Roosevelt mich unter die Rubrik „Es gibt keine guten Deutschen" verkonsumierte und jeden Kontakt mit mir nicht nur nicht gesucht, sondern abgelehnt hat.

Eleonore Roosevelt 1946: „Ich kann nicht einsehen, wieso wir dazu kommen sollen, uns von diesem Mann noch Vorträge anzuhören.

Else Niemöller, 1947 in den USA:

„Each time, I am standing on the platform of the churches, I feel a stream of love, coming on to me.

I am happy and grateful, to be able to be in the States. And I hope, that our meetings will create a new understanding among the people and a new unity among the churches all over the world."

DAILY NEWS, WEDNESDAY, DECEMBER 4, 1946

THEIR FIRST VISIT

(By Acme)

NEWCOMERS to U. S., Pastor Martin Niemoeller, famed anti-Hitler cleric, and his wife arrive at LaGuardia Field. He's on way to Seattle to address church meeting.

THE NEW YORK SUN, TUESDAY, DECEMBER 3, 1946.

Pastor Niemoeller Lands Here

German Cleric Who Defied Hitler Is Flying to Seattle to Open Church Convention.

The Rev. Martin Niemoeller, German Lutheran pastor who spent eight years in Nazi concentration camps because he denounced the Hitler regime, prepared to leave for Seattle today after stopping off in the city for a few hours after his flight from Germany. The 54-year-old preacher, who was a U-boat commander in world war I, declined to comment on his experiences in Germany, but a friend indicated he would express his views in detail before completing his American tour.

When Niemoller arrived at LaGuardia Field early today, he encountered some technical difficulties with his visa, but these were cleared up on a subsequent visit to the airport. Accompanied by his wife, Elsa, he will fly to Seattle to address the opening session of the biennial meeting of the Federal Council of Churches of Christ Hartford, N. Y., pre-war minister of the American Church in Berlin and friend of the Niemoeller family, and Dr. Fritz Bardi, a member of the German Parliament before the Hitler regime, who is now writing for the Neue Volke Zeitung, a German-language newspaper published here.

Niemoeller is head of the Church Foreign Office of the Evangelical Church in Germany and a member of the Provisional Committee of the World Council of Churches. He is one of the first German citizens allowed to enter this country since the war. After delivering his address tomorrow in Seattle, Niemoeller will spend the rest of December lecturing in the West and then will make addresses in New York, Chicago and other cities.

Niemoeller was held in concentration camps from 1937 to 1945. He spent three years of solitary confinement at Sachsenhausen camp. He later was five years at Dachau. Following his release in 1945, he conducted a crusade in his country calling upon the German people to recognize their guilt in having been responsible for producing Hitlerism.

Two of Niemoeller's seven children died during the war and one son is still a prisoner in Russia. As commander of a German submarine during the first world war, Niemoeller was responsible for the sinking of 55,000 tons of Allied shipping.

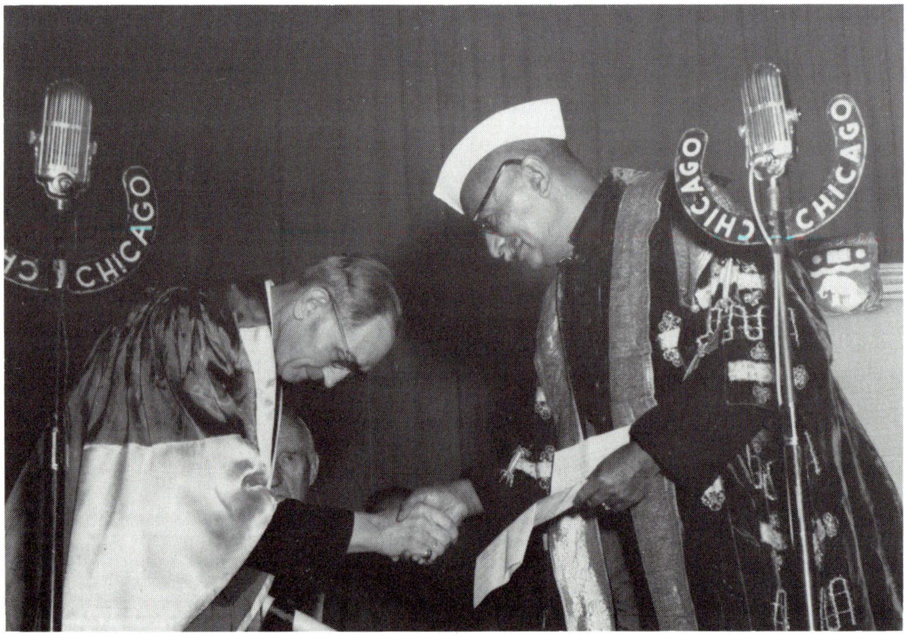

Niemoeller Sees No Boundaries To Christianity

SEATTLE, Dec. 5. — (UP) — The Rev. Martin Niemoeller, German Protestant leader, called today for a world communion of Protestant churches, but admitted the German church "is a feeble member" of world Christianity.

Niemoeller, whose refusal to forsake Christianity for Hitlerism cost him eight years in Nazi concentration camps, spoke last night at the biennial meeting of the Federal Council of Churches of Christ in America.

He told the 1,500 delegates from 25 U. S. Protestant denominations that he had come "to see that God's plan for Christian brotherhood does not stop short at the boundaries of nations nor at the borders of continents.

Niemoeller, 54 and frail, said the "church struggle" that accompanied the last war had taught the Christian faith at least two lessons.

First, he said, Hitler's failure to displace Christianity with his own religion proved that the "true word of God" cannot be defeated by any temporal power, no matter how strong or lasting. Second, a church unity cutting across nations and denominations is the intent of God and the one real assurance of its future.

He expressed hope that the German church would rise up from the effects of war and devastation and play a dominant role in the growth of Christianity. He attributed development of the Evangelical church in Germany (an interdenomination union of all Protestant territorial churches in the country) last year to the will of God.

NIEMOELLERS WELCOMED—Rev. Robert F. Jones, left, president of the General Ministers Association, greets Rev. and Mrs. Martin Niemoeller upon their arrival Tuesday afternoon to fill speaking engagements under the sponsorship of the ministers association and the United Council of Church Women. (Staff Photo.)

Niemoeller Says Christianity Grew Under Nazi Persecution

Rev. Martin Niemoeller, who saw Christianity grow in stature and depth of root as its enemies attempted to exterminate it in Nazi Germany, declared here Tuesday night that Germany's "12 horrible years contained a hidden blessing from God."

The slight Lutheran minister, who was imprisoned by Nazis for his refusal to make his suburban church conform to Nazi ideology, spoke before a full house at Will Rogers Memorial Auditorium under sponsorship of the General Ministers Association of Fort Worth.

The "hidden blessing," he explained, was the demonstration of faith in God which came from Christians with every effort of Hitler and his men to annihilate Christianity.

Gospel Goes On.

It was impossible from the start, he asserted, for Hitler and Christianity to exist side by side, since "Hitler's idea of the supreme power was Hitler himself."

He pointed out that when Hitler drove ministers out of their pastorates, other ministers took their places to preach Christianity with even greater zeal; that when Hitler imprisoned ministers, laymen

noon at First Methodist Church told of the difficulties and disappointments she encountered trying to see her husband during his imprisonment.

She spoke of her "long, weary road," she said, "because I want to bear witness of the revelation of God through these trying experiences."

Speaking with a slight accent the frail, white-haired minister's wife recounted the loyalty and affection shown her through those eight years by friends and members of the church.

Daughter Died.

The death of their 16-year-old daughter of diptheria so saddened Rev. Mr. Niemoeller, she said that she feared he would die. She begged those in charge of the concentration camp to do something for him, and they allowed him daily walks under guard outside the camp fence.

"I'm sure our daughter is glad that she was able to do this privilege for her father by dying," she added in her strangely unemotional voice.

Mrs. Niemoeller was introduced by Mrs. Fred D. Henderson, president of the council.

Niemoeller Says Germany Needs Faith

SEATTLE, Dec. 5 (UP)—Pastor Martin Niemoeller of Germany said today German youth are clinging to Nihilism because they see no future and have no faith left with the loss of the Nazi ideology in which they were raised.

Niemoeller, who spent eight years in Nazi concentration camps because he opposed the Hitler regime, said Hitler-trained boys and girls "are floating on a spiritual ocean, grabbing at the nearest plank."

"You can't give spiritual help to people who are starving," the frail, little German spiritual leader said.

In his first interview by United States newspapermen, Niemoeller said the church in Germany is at its highest spiritual peak since before the war, but admitted it still "is a feeble member" of World Christianity.

He said the greatest problem facing Christianity today is "the division of the churches and a lack of common action toward them."

Niemoeller said the "church struggle" which accompanied the last war had taught the Christian faith at least two lessons.

First, he said, Hitler's failure to displace Christianity with his own religion proved the "true word of God" cannot be defeated by any temporal power, no matter how strong or lasting. Second, a church unity cutting across nations and denominations is the intent of God and the one real assurance of its future.

O.A.C
Introducing to Australia and New Zealand
PASTOR NIEMOLLER

Pastor Martin Niemoller

THE MAN WHO DEFIED HITLER!

is visiting Australia and New Zealand for a great

"FAITH TRIUMPHANT CAMPAIGN"

sponsored by the Open Air Campaigners (Aust.), in co-operation with the Council of Churches.

PASTOR NIEMOLLER

"Was a brilliant and highly decorated submarine commander during World War I, and, after responding to the call of the Christian gospel, trained at Munster University, Germany, and was ordained to the ministry in 1924. As the pastor of the Lutheran Church at Dahlem, in 1933 he was so outspoken against the Nazi regime that he quickly became a marked man. The dreaded Gestapo checked his services and his church and private apartments were frequently searched. His telephone was tapped—his mail opened and in 1934 a bomb was thrown into his parsonage. He stood firm, refusing to lift the swastika above the Cross.

In July, 1937, he was called before Hitler but refused to support the Nazi regime, and was arrested. Eight months later he was tried in secret and sentenced to seven months' jail. The sentence was cancelled owing to the period spent in jail without trial. But Niemoller was not to go free—he was seized by the German secret police and thrown into the brutal Sachenhausen concentration camp. Eight long years were spent, much of it in solitary confinement, and deep anguish of mind has left its mark on the brave pastor. He has stepped from a martyr's cell clothed with world authority, and to-day bears a clear-cut witness of faith in Jesus Christ."

INTRODUCING ALSO

MRS. NIEMOLLER,

who will address Women's Meetings on — "LIFE WITHOUT FATHER"

MR. JACQUES HOPKINS,

World-famous B.B.C. Gospel Singer, and Evangelist, with over 4,000,000 listeners in Great Britain, will be the Soloist.

Mr. JAMES DUFFECY

Commonwealth Evangelist of the Open Air Campaigners will be Song Leader.

Im Oktober 1947 wird Martin Niemöller zum Kirchenpräsidenten von Hessen und Nassau gewählt. Als „Erster unter Gleichen" wird er dieses Amt 17 Jahre lang ausfüllen, trotz harter Auseinandersetzungen.

Die Verantwortung für die Menschen, die er nicht „den Politikern und ihrer Willkür" ausliefern will, lassen Niemöller bald nach 1945 zu einem Gegner der westdeutschen Politik werden.

Ich war kein Revolutionär. Weil der Ausspruch, daß ich mit 90 Jahren noch Revolutionär geworden bin, das ist ja auch noch neu in unserem Gespräch, aber ich habe mich von einem sehr konservativen Menschen zu einem fortschrittlichen Menschen und am Schluß zu einem revolutionären Menschen entwickelt.

Gabs da so einen Punkt, wo Sie gesagt haben, so kanns nicht weitergehen, das ist nicht meine Vorstellung, wie hier die Politik gemacht wird in diesem Lande?

Ja, das kam verhältnismäßig früh. Das war wohl so, als die unmittelbare Hungersnot 1947, 48 vorbeiging. Die verfassunggebende oder verfassungsplanende Gruppe in Frankfurt, die nun von Eisenhower und den Amerikanern gestützt wurde, nicht wahr, das habe ich von Anfang an für falsch gehalten. 45 habe ich schon, als ich diesem Mitarbeiter von dem Herrn Murphy, dem politischen Ratgeber von Eisenhower, als ich dem schrieb, was sie machen müßten, damit Deutschland demokratisch würde und gesagt hatte, mit ganz kleinen Zellen anfangen, in Dörfern wählen lassen, Menschen, die von denen, die sie wählen, gekannt werden, die denen bekannt sind usw. Dann legten die Siegermächte wieder mit den großen Parteien los, das war sehr früh in 1945. Als ich im Dezember 1945 nach Büdingen zog, da gabs schon wieder politische Parteien, und die wurden geduldet von den Amerikanern. Da hab ich gesagt, das ist kein Weg, und ich habe später niemals geglaubt, daß der Weg von 1945, 47, 49 zu einer guten Zukunft führen würde, und habe mich ja mit Adenauer drum gestritten wegen der Wiederbewaffnung, bzw. wegen des Anschlusses an die Nato, daß das kein Weg wäre, und bin von daher immer im Gegensatz zu der

Erste Bundestagswahl (1949)

In Potsdam tagte der Rat der Evangelischen Kirche in Deutschland. Im Nicolaisaal sprach Kirchenpräsident Martin Niemöller. Anschließend gab er dem „Augenzeugen" eine Erklärung über seine Stellung zu den Fragen der deutschen Einheit und des Friedens:
„Jesus spricht von einer Kraft des Glaubens, die Berge versetzen kann. Und wir möchten heute Berge versetzen und möchten heute Trennungen, die unüberwindlich zu sein scheinen, dennoch überwinden.
Wir sehen, wie unser Volk zerrissen und aufgespalten ist, und wie man uns noch weiter zu trennen sucht. Wir warten heute auf einen barmherzigen Samariter, der unsere Wunden verbindet und uns in die Herberge bringt. Aber bislang ist noch keiner des Weges gekommen, der diesen Nächstendienst an uns täte, vielleicht niemand, der diesen Dienst hätte tun können.
Aber wir sind Nächste für einander, die Christenmenschen in West und Ost. Wir Christen im Westen möchten Euch helfen und Ihr möchtet uns helfen, daß unsere Wunden heilen und daß Friede bei uns werde nach allem Blutvergießen."
Martin Niemöller 1951 zu „Fragen der deutschen Einheit und des Friedens" in der DDR-Wochenschau „Der Augenzeuge".

offiziellen Politik Westdeutschlands bzw. des verkleinerten und von Westdeutschland her charakterisierten Deutschland geblieben.

★

Die Leute, die in Frankfurt die neue Verfassung machten, das waren keine Preußen, sondern das waren Menschen aus dem Rheinland und eben die Siegermächte, die haben unsere Verfassung gemacht.

★

Als ich aus der Kirche rauskam, hab ich Ihnen das noch nicht erzählt?

Nein. Das war 1949?

'49. Da gingen meine fünf Pröpste, die also diese fünf Bezirke zu betreuen hatten, die gingen aus der Kirche nach rechts runter ins Dorf, weil da das Wahllokal war im Rathaus. Da haben die gewählt. Und ich ging nach links zurück auf die Burg. Und die fragten mich, warum ich denn nicht mitkäme, wir müßten doch da wählen. Ich sagte, ja ich gehe nicht zu dieser Wahl und weshalb nicht, das erzähl ich Ihnen nachher beim Mittagessen. Und da habe ich meinen Pröpsten damals gesagt: „Wenn Sie heute zu unserer Verfassung mit ja gestimmt haben, dann haben Sie die Teilung Deutschlands gewählt. Denn nach dieser Verfassung werden die Russen jetzt auch eine Abstimmung deklarieren in ihrem Besatzungsgebiet, denn die dürfen ja heute nicht mitwählen. Und dann kriegen wir die Teilung Deutschlands." Und so geschah es denn auch. Und dann hab ich mit Adenauer meine Auseinandersetzung gehabt in Königswinter, d.h. da war der Rat unserer Evangelischen Kirche zusammen mit der Regierung von Bonn, bzw. der CDU von Bonn. Da war Adenauer ja schon Kanzler für den jetzt geschaffenen Staat. Und da

„New York Herald Tribune" vom 14. 12. 1949

Niemoeller For United Reich, Even if It's Red

WouldRatherHaveU.N.Run It as One Nation; Doubts Bonn Regime Will Last

By Marguerite Higgins

By Wireless to the Herald Tribune

Copyright, 1949, New York Herald Tribune Inc.

WIESBADEN, Germany, Dec. 13.—Pastor Martin Niemoeller said today that most Germans would prefer unification of their country under Communism to continuance of its present split between East and West.

Pastor Niemoeller, who was a German submarine captain in World War I and spent eleven years in concentration camps under Hitler, has just come home from a three-month visit to Australia. He has been back three weeks.

At a time when the world is trying to evaluate the German national character, the noted pastor is in a good position to do so. After a long absence, the evangelical leader has looked at the state of his nation. During an interview in his home here, he stated some of his conclusions.

Differs with Political Leaders

Pastor Niemoeller's opinions are in contrast to the views expressed in the last few months by most of the nation's political leaders at the West German capital at Bonn. Pastor Niemoeller spoke as a religious and not as a political man.

The first question put to him was, "Do you think that, in order to reunify East and West Germany, most Germans would be prepared to pay the price of having a Communist regime?"

"Yes," he answered without hesitation. "Given the alternative of a continued split in Germany or the prospect of reuniting the country under a foreign dictatorship—even that of Russia—the Germans would prefer to take the risk of Communism. They would feel that they would have more chance of surviving as a nation under those circumstances."

The fifty-seven-year-old pastor made it plain that he hoped for a third alternative. There is no question, he said, that Soviet-occupied Germany, if it had a free choice, would rush to join the Western democracies.

The best possible solution for Germany under present circumstances, in Pastor Niemoeller's opinion, would be for a committee of neutrals under the Untied Nations to take over the occupation.

Wants U. N. to Take Over

"Unless the U. N. takes over Germany, restoring its unity and ending the feud over it between Russia and the West, both Germany and Europe are finished," he said.

Germany's situation, Pastor Niemoeller maintained, resembles that of a family that has been split up.

"A family prefers to remain together," he said, "even if it has been enslaved. Memoers of the family prefer to remain in bondage rather than leave one part of the family to its fate while the other enjoys freedom. And I believe that this is the correct moral and ethical attitude. After all, tens of thousands of German families have been torn apart by the division of their country between East and West. I can assure you that the separate West German state is not an entity that will exist for many decades."

Pastor Niemoeller admitted that his views on the West German government may be influenced in part by the bitterness he feels concerning the "preponderance of Catholics in the present West German cabinet." He believes that the number of Catholics in Chancellor Konrad Adenauer's cabinet is quite out of proportion to the influence of Catholics in Western Germany.

"The present West German government," he said, "was conceived in the Vatican and born in Washington. The continuance of the West German state means the death of Continental Protestantism."

Calls for United Germany

Morris Warman

Pastor Martin Niemoeller

gings um die Wiederbewaffnung. 50 ist es wohl gewesen, da hab ich ihm gesagt, „um Gottes Willen, Herr Bundeskanzler, wenn Sie jetzt in Westdeutschland wieder Militär machen, dann macht natürlich die Besatzungsmacht in der DDR, die machen dann auch Militär, und diese beiden deutschen Militärs werden natürlich gegeneinander aufgerüstet." Ja, aber das sei doch bloß innerhalb der Nato. Ich sage, „was Sie hier machen, das ist gegen den Osten gerichtet, und was die dann in der DDR machen, das ist gegen den Westen gerichtet und das heißt, die beiden Deutschlands stehen auf verschiedenen Fronten in diesem Gegensatz Ost-West."

Zur deutschen Teilung würde ich heute, 1982, nicht sprechen können, wie ich 1952 dazu gesprochen habe. Die deutsche Teilung haben wir selber gemacht. Die hat Adenauer gemacht, und in diesem Sessel da, da saß eine amerikanische Korrespondentin, die aus Korea nach New York zurückflog, und die stellt mir die Frage: „Wer ist denn eigentlich an der Teilung Deutschlands interessiert?"

Ich sagte, „ich kann Ihnen bloß sagen, was ich vermute und was mir einleuchtet. Rom und Washington sind daran interessiert."

Das ist ja damals um die ganze Welt gegangen, mit der Überschrift: „Niemöller for united Reich, even if it's red."

Wie hieß das?

„Niemöller for united Reich, even if it's red", war die Schlagzeile in der „Herald Tribune".

„Herald Tribune", ja, das war schon eine abgemilderte Form. Hier hieß es nur ... ja wie hieß das ...

Ich glaub, hier hieß es doch damals: „In Rom gezeugt und in Washington geboren."

Jawohl, in Rom gezeugt und in Washington geboren, nicht wahr. Ich habe gesagt und argumentiert, Deutschland ist zwei Drittel protestantisch, und wenn jetzt die alten preußischen Provinzen östlich der Elbe, die ganz evangelisch sind, abgegliedert werden, dann bleibt ein Restdeutschland übrig, eine Bundesrepublik, und die ist eben halb katholisch und halb protestantisch. Und da die Katholiken die politisch Aktiveren sind (denn sie haben ja ihr Zentrum, und die Protestanten haben immer gesagt, das, was die Obrigkeit macht, das ist richtig), deshalb ist uns Katholiken das recht, daß wir in der Bundesrepublik fifty-fifty haben. Und in der DDR, da sind eben 90 Prozent. Da waren 10 Prozent von den Provinzen, die zum Deutschen Reich gehörten, katholisch, und 90 Prozent waren protestantisch.

„New York Herald Tribune", 14.12.1949:
Pastor Niemöllers Ansicht über die westdeutsche Regierung sei von der Verbitterung über die Vorherrschaft der Katholiken im Kabinett Adenauer beeinflußt.
Niemöller sagte: „Die gegenwärtige westdeutsche Regierung wurde im Vatikan gezeugt und in Washington geboren. Und das Fortbestehen des westdeutschen Staates bedeutet das Ende des europäischen Protestantismus."

Exkurs über Zigarren

Dietmar Schmidt mit Zigarrenbar

D. Schmidt: Und die Zigarre ist erlaubt? Ich frage, ist die erlaubt?

Für mich?

D. Schmidt: Ja.

Ja ich weiß nicht, ob Sie es erlauben?

Wir schon.

D. Schmidt: Nein, ich meinte nur, Du rauchst sie nicht uns zuliebe, damit das Bild stimmt.

Nein, nein, aber Du hast mir das vorige Mal gesagt, ich hätte nicht geraucht.

D. Schmidt: Ja, ja, das fiel mir auf. Das war das erste Mal, daß ich das erlebt hab.

Es ist etwas weniger geworden, aber ich rauche doch noch, gewöhnlich abends nach Tisch, meine zwei, drei Zigarren.

Zwei, drei?

Zwei, drei ja.

D. Schmidt: Von den dikken?

Bitte?

D. Schmidt: Diese Dicken, diese Schwarzen?

Diese Dicken, so dick sind die ja gar nicht.

D. Schmidt: Kommen die aus Cuba, oder?

Nein, das ist eine sogenannte Zigarrenbar, die ist von H und C, die Zigarrenfirma aus Gießen ...

D. Schmidt: Eine Zigarrenbar? Die duften ja herrlich.

Genau in der Mitte sind Havanna-Zigarren. Und die haben sie jetzt von 80 Pfennig pro Stück auf 1 Mark pro Stück raufgesetzt, aber wer nimmt nicht Gelegenheit wahr, wenn er mehr rauskriegen kann, als er reinsteckt.

D. Schmidt: Die Zigarrenbar, das hab ich ja auch noch net gewußt. Und Du rauchst zwei bis drei nach dem Frühstück oder nach dem Abendessen?

Nein, nein, nach dem Abendessen.

D. Schmidt: Und da kann man schlafen danach.

Nach dem Frühstück, da komm ich ja nicht zum Rauchen, weil ich aus dem Bett gleich hierher komme.

D. Schmidt: Und die Post erledige.

Ach die Post erledigen ...

Adenauer: „Ich kann nur sagen, daß Herr Niemöller dem deutschen Volk schwersten Schaden zufügt."

Konrad Adenauer:

„Nun hat Herr Kirchenpräsident Niemöller schriftlich und mündlich die heftigsten Angriffe gegen den Bundeskanzler gerichtet und behauptet, daß wir die Remilitarisierung Westdeutschlands mit allen Mitteln betrieben, daß Organisationsstäbe zur Aufstellung deutscher Einheiten innerhalb einer europäischen Armee seit dem 1. Oktober dieses Jahres tätig seien, und daß Rüstungsaufträge an die deutsche Industrie erteilt worden seien.
Er spricht von einem Volksbetrug, wenn der gegenwärtige Bundestag über diese Frage entscheide.
Ich weiß, daß Herr Niemöller nicht die evangelische Kirche Deutschlands ist, ich weiß, daß er für keine evangelisch-kirchliche Stelle spricht, trotzdem kann ich nur meinem tiefen Bedauern und meiner Empörung Ausdruck geben, daß sich Herr Niemöller nicht gescheut hat, solche Behauptungen aufzustellen.
Ich bin der Überzeugung, daß jedes defätistische, fast könnte ich sagen, nihilistische Denken, Sowjetrußland geradezu in die Hände arbeitet.
Niemals kann ich anerkennen, daß es Gottes Wille sein soll, daß wir unser Vaterland und Westeuropa der Herrschaft des Bolschewismus tatenlos überlassen sollen."
(Konrad Adenauer am 20. Oktober 1950 auf dem 1. Bundesparteitag der CDU in Goslar)

Martin Niemöller:

Der Offene Brief Niemöllers vom 4. Oktober 1950, auf den Adenauer in Goslar reagierte, hatte folgenden Wortlaut:
„Herr Bundeskanzler!
Trotz aller gegenteiligen Zeitungsnachrichten wird die Re-

militarisierung Westdeutschlands, d.h. die Wiederaufrüstung deutscher Menschen für einen möglichen Krieg zwischen Ost und West, mit allen Mitteln betrieben. Hohe Offiziere werden eingestellt, Organisationsstäbe zur Aufstellung deutscher Einheiten innerhalb einer europäischen Armee sind ab 1. Oktober d. J. tätig, Rüstungsaufträge an die deutsche Industrie sind erteilt.

(...)

Daß das deutsche Volk diesseits und jenseits des Eisernen Vorhanges einer solchen Aktion des Bundeskanzlers in seiner Mehrheit zustimmen könnte, ist nach vorgenommenen, privaten Probeabstimmungen äußerst fraglich. Eine offizielle Volksbefragung ist durch die Bundesverfassung nicht vorgesehen. Diese Verfassung ist ja so geschickt gearbeitet, daß das deutsche Volk wieder in einen Krieg hineingestürzt werden kann, ohne daß es zuvor überhaupt gefragt wird. Und diese Behandlung des deutschen Volkes ist nichts Neues, da es ja auch nicht gefragt wurde, ob es einen Eisernen Vorhang und ob es einen westdeutschen und später einen ostdeutschen Staat haben wollte.

(...)

Wenn der gegenwärtige Bundestag über diese Frage entscheidet, so käme das einem Volksbetrug gleich, da kein deutscher Wähler bei der Wahl im Sommer 1949 die Absicht gehabt hat, dem deutschen Bund die Vollmacht zu einer Kriegsrüstung oder Kriegsbeteiligung zu geben.

Wenn die westlichen Alliierten von Westdeutschland einen Beitrag von Waffen und Soldaten verlangen, dann sollen sie das selbst offen befehlen und sich nicht hinter einer deutschen Demokratie verstecken."

Remilitarisierung

Am 9. Dezember 1949 berichtet die „Neue Zeitung", das deutschsprachige Organ der amerikanischen Militärregierung:
„Bundespräsident Professor Dr. Theodor Heuss betonte in einem Interview, ... er sei absolut gegen eine deutsche Wehrmacht, ganz gleich, unter wessen Kommando sie stehen würde. Selbst wenn die westlichen Alliierten die Schaffung einer deutschen Armee vorschlügen, würde er sich dagegen wehren ..."

Noch am 1. September 1950 bemerkt der Pressedienst der CDU, „Deutschland-Union-Dienst", Bonn:
„... An der grundsätzlichen Gegnerschaft des Bundeskanzlers gegen eine deutsche Wiederaufrüstung hat sich nichts geändert. Nach wie vor ist der Kanzler der Auffassung, eine deutsche Wiederaufrüstung bedeute eine nicht zu unterschätzende Gefahr für den demokratischen Aufbau unseres jungen Staatswesens."

Am gleichen Tag berichtet die „Abendzeitung", München:
„In der Sitzung des Bundeskabinetts am 30. August 1950 ist es zu scharfen Auseinandersetzungen gekommen. Mehrere Minister nahmen dagegen Stellung, daß Bundeskanzler Dr. Adenauer der Hohen Kommission zur Weiterleitung für die Außenministerkonferenz in New York auch ein Memorandum über die deutsche Sicherheit überreicht hatte, ohne das Kabinett vorher damit zu befassen. Besonders lebhaft ... kritisierte Bundesinnenminister Dr. Heinemann, dem Adenauer mit heftigen Angriffen antwortet ..."

Am 27. September 1950 gibt das „Presse- und Informationsamt der Bundesregierung" bekannt:
„... Der Nordatlantikrat hat die baldmöglichste Aufstellung einer gemeinsamen Armee zur Verteidigung Westeuropas beschlossen ... Die Nutzbarmachung der deutschen Menschenreserven und wirtschaftlichen Kraftquellen sei im Lichte der Ansichten erörtert worden, die kürzlich von den demokratischen Führern in Deutschland ... zum Ausdruck gebracht wurden."

Am 8. Oktober 1950 tritt Gustav Heinemann von seinem Amt zurück. Bereits drei Tage später, eine Woche nach dem Dementi der Bundesregierung, meldet Radio Luxemburg unter Berufung auf das Presse- und Informationsamt der Bundesregierung:
„... Ab 1. Oktober ist Graf Schwerin, der militärische Berater des Kanzlers, mit der Führung eines Untersuchungsbüros beauftragt, das ... Mobilmachungspläne ausarbeitet."

Und am 5. November 1950 „Die Welt", Hamburg:
„... Der Bundeskanzler hat wiederholt seine Bereitwilligkeit erklärt, im Falle der Bildung einer internationalen westeuropäischen Armee einen Beitrag in Form eines deutschen Kontingents zu leisten ..."
Sechs Wochen vorher war weder in der Regierungserklärung, noch in irgendeiner Verlautbarung von solchen Plänen etwas an das Parlament oder gar an die Öffentlichkeit gedrungen.

„Stuttgarter Zeitung", 6.3.1951:
„... Die USA ... gewähren der Bundesrepublik keine weitere Marshallplanhilfe ..., solange die westdeutsche Regierung nicht ... Deutschlands wirtschaftliche Hilfsquellen für die Verteidigung des Westens nutzbar macht ..."

„Stimme der Vertriebenen", 12.8.1951:
„... Bei einem Empfang des Bundesvertriebenenministers Dr. Lukaschek erwähnte McCloy Anweisungen Washingtons, daß die USA weitere Hilfe für die Vertriebenen von der Klärung des westdeutschen Verteidigungsbeitrages abhängig machen ..."

„Stuttgarter Zeitung", 9.8.1951:
„... Der Wehrbeitrag Deutschlands ist nicht als Folge, sondern als Voraussetzung der Umwandlung des Besatzungsstatuts gedacht ..."

„Die Welt", Hamburg, 22.8.1951:
„... McCloy in seinem letzten Vierteljahresbericht an das US-Außenministerium: Jetzt handelt es sich nicht mehr um die Frage, ob sich die Bundesrepublik an der Verteidigung des Westens beteilige, ... sondern um die Art und die Bedingungen eines solchen Beitrags ..."

Und dann hab ich mit Adenauer meine Auseinandersetzung gehabt. Ich sagte, jetzt muß man an die Menschen selber ran, und die Menschen selber, die müssen Front machen gegen diese Frontbildung zwischen einem westlichen und östlichen Deutschland. Das heißt, die westlichen Menschen, die müssen von der Verkoppelung und dem Sich-selbst-verkaufen an den Westen befreit werden, und die Deutschen in der DDR müssen loskommen von der Versklavung unter die Russen. Und das war eigentlich so der Ansatzpunkt für die Friedensarbeit, die wir damals getrieben haben.

Die Trennung Deutschlands wurde der Anfang für eine Friedensarbeit. Weil wir gerne die Trennung zwischen West und Ost innerhalb des deutschen Volkes durch Frieden, in Frieden überwinden wollten.

Aber da ist es doch sehr schnell zu ganz heftigen Auseinandersetzungen in der Bundesrepublik gekommen damals, daß also von den Herrschenden mit massivem Druck gearbeitet worden ist, mit Einschüchterung?

Sicher, es wurde mit Einschüchterungen geantwortet. Wir wurden natürlich ... wer Frieden sagte, war Kommunist. Und dem Odium bin ich ja auch nicht entgangen, zumal ich ja nun '52 da schon durch die Kirche nach Rußland kam. Für mich erschien die Christenheit Ost-West als ein, ja als ein Motiv und ein Mobilisator für den Frieden. Ich sagte, wenn die Kirchen Frieden halten können zwischen Ost und West, dann müßten das die Staaten ja dann wohl auch mal versuchen. Der Weltfriedensrat war schon da, aber der war ja nun als absolut kommunistisch verschrien, aber er hat mir den Dienst getan, daß ich da den Erzbischof Nikolai kennenlernte vom Außenamt der russischen orthodoxen Kirche in Moskau, also der nächste Mann nach dem Patriarchen, der war da im Weltfriedensrat schon drin. Und dann bin ich jedes Jahr zu der Jahrestagung des Weltfriedensrats nach Budapest und nach Prag und so was hingefahren, um diesen Alexeji zu beeinflussen und zu treffen und mich mit dem anzufreunden. Und wir sind gute Freunde geworden, allerdings kam erst 61 der Anschluß der russischen Kirche an den Weltkirchenrat, und dabei war ich schon wieder ganz im Hintergrund. Ich hatte das lanciert und vorwärtsgestoßen, aber war nicht irgendwie in Erscheinung getreten bei der ganzen Geschichte.

Die Reise zum Patriarchen Alexius von Moskau löst 1952 heute kaum noch vorstellbare Reaktionen aus:

In Leningrad mit Bischof Lushski Alexi (1961)

Scharfer Angriff gegen Niemöller

Der Tübinger Rektor legt beim Bischof Dibelius Verwahrung ein

Tübingen, 3. Januar. (dpa) Der Vorsitzende der westdeutschen Rektoren-Konferenz, Rektor Professor Dr. Helmut Thielicke, Tübingen, wendet sich in seiner Eigenschaft als evangelischer Theologe in einem Brief an den Vorsitzenden des Rates der Evangelischen Kirche in Deutschland, Bischof D. Dr. Otto Dibelius, gegen die Reise Niemöllers nach Moskau.

Er fühle sich verpflichtet, Verwahrung dagegen einzulegen, daß Kirchenpräsident Niemöller nach Moskau reist, und daß kein Einspruch der verantwortlichen kirchlichen Organe dagegen in der Oeffentlichkeit laut geworden ist. Dr. Thielicke bedauert, daß die Leitung der evangelischen Kirche auf diesem Gebiet „ein Unglück nach dem anderen geschehen läßt". Er stehe immer wieder hilflos vor der Erbitterung, die ihm „von allen Seiten über jenes laisser faire zum Ausdruck gebracht wird und vor der Identifizierung, die man unwillkürlich oder willkürlich, auf jeden Fall aber de facto zwischen dem, was Niemöller sagt und tut, und dem, was die evangelische Kirche zwar nicht sagt, aber duldet, vollzieht."

Selbstverständlich werde jede Möglichkeit begrüßt, die den Ost-West-Konflikt entschärft und den deutschen Gefangenen in Rußland Hilfe bringe. „Aber daß man einen Mann mit der Behandlung dieser heikelsten aller Probleme befaßt, der in den letzten Jahren immer wieder verwirrt und verwirrend gehandelt hat und der schon lange nicht mehr seine einst von uns so geachtete Linie verfolgt, das ist Schuld und Unglück zugleich."

Niemöllers erster Bericht

Berlin, 3. Januar. (AP) Kirchenpräsident Niemöller hat Bischof Otto Dibelius über die sowjetische Kontrollkommission einen ersten Bericht übermittelt. Voraussichtlich wird Niemöller am 7. Januar den Rückflug antreten.

„Absolut unerfreuliche Aktionen"

Bonn, 3. Januar. (dpa) Der Sprecher des sozialdemokratischen Vorstandes, Fritz Heine, bezeichnete die Reise Niemöllers und Wirths als „absolut unerfreuliche Aktionen". Die beiden Reisenden spielten „bewußt oder unbewußt das Spiel der Russen". Beide Aktionen dienten nicht der Sache des deutschen Volkes. Zum politischen „Come back" Wirths sagte Heine, der ehemalige Reichskanzler habe wahrscheinlich noch nicht gemerkt, daß die Deutschen inzwischen ihre Rechnung „ohne den Wirth" gemacht haben.

Kritik der Koalitionsparteien

Bonn, 3. Januar. (UP) Die Pressedienste der Christlich-Demokratischen Union und der Freien Demokratischen Partei verurteilen die Reisen Joseph Wirths und des Kirchenpräsidenten Niemöller nach dem Osten. Der CDU-Pressedienst stellt fest, daß es keine anderen Wege zur deutschen Einheit gebe, als entweder den westlichen durch freie Wahlen oder den östlichen durch Unterwerfung unter die sowjetischen Ansprüche. Ein Kompromiß sei nicht möglich.

Das Organ der FDP wirft Wirth vor, er habe sich von Pankow mißbrauchen lassen, „um unsere Solidarität für den Einbruch reif zu machen". Der ehemalige Reichskanzler wird als ein politischer Wirrkopf und Einzelgänger bezeichnet.

Wirth sprach mit Tschuikow

Berlin, 3. Januar. (dpa) Der ehemalige Reichskanzler Dr. Wirth ist von Armeegeneral Tschuikow, dem Vorsitzenden der sowjetischen Kontrollkommission, in Anwesenheit des Botschafters Semjonow empfangen worden. Er habe die Frage des Schicksals der politischen Gefangenen in der Sowjetzone angeschnitten und eine Wunschliste für Freilassungen überreicht, deren wohlwollende Behandlung ihm zugesichert worden sei. Botschafter Semjonow habe betont, es sei an der Zeit, gegenüber politischen Vergehen der ersten Nachkriegsjahre Milde walten zu lassen.

Ullstein AG. wiedergegründet

Berlin, 3. Januar. (dpa) Der weltbekannte Ullstein-Verlag wurde am Donnerstag durch einen Entscheid der 42. Wiedergutmachungskammer des West-Berliner Landgerichts wiederhergestellt. Damit werden der Ullstein-AG die ihr unter dem nationalsozialistischen Regime entzogenen Vermögenswerte zurückerstattet.

Niemöller beim Vorsitzenden des sowjetrussischen Friedenskomitees

Moskau, 6. Januar. (dpa) Kirchenpräsident Niemöller hatte eine eineinhalbstündige Unterredung mit dem Vorsitzenden des Friedenskomitees der Sowjetunion Nikolai Tichonow und den übrigen Vorstandsmitgliedern des Komitees. Nach der Unterredung sagte Niemöller, die Zusammenkunft sei „zufriedenstellend" verlaufen. Eine weitere Besprechung hatte Niemöller mit der sowjetischen Regierungsstelle für die Angelegenheiten der orthodoxen Kirche in Rußland.

„Wirth und Niemöller haben ihre Rolle ausgespielt"

Berlin, 6. Januar. (dpa) Der Präsident der Deutschen Akademie für Sprache und Dichtung, Dr. Rudolf Pechel, sagte in einer Rundfunkansprache am Sonntag, daß weder Martin Niemöller noch der ehemalige Reichskanzler Dr. Joseph Wirth irgendwie autorisiert seien, im Namen der evangelischen Kirche oder des deutschen Volkes zu sprechen oder zu handeln. Sie seien selbstherrliche Vertreter anonymer Gruppen.

Ausweisung Wirths und Niemöllers gefordert

Frankfurt/Main, 6. Januar. (dpa) Das „Befreiungskomitee für die Opfer totalitärer Willkür" in Frankfurt forderte „rücksichtslose Maßnahmen gegen Dr. Joseph Wirth, Martin Niemöller und alle nicht mehr gutgläubigen Handlanger Moskaus und ihre Ausweisung aus der Bundesrepublik".

»Puppen an den Drähten des Kremls«

BERLIN (dpa). Der Präsident der Deutschen Akademie für Sprache und Dichtung, Dr. Rudolf Pechel, sagte gestern in einer Rundfunkansprache über den Westberliner Sender RIAS, daß weder der hessische Kirchenpräsident D. Martin Niemöller, noch der ehemalige Reichskanzler Dr. Joseph Wirth irgendwie autorisiert seien, im Namen der Evangelischen Kirche oder des deutschen Volkes zu sprechen oder zu handeln. Sie seien selbstherrliche Vertreter anonymer Gruppen.

Es sei zwar nicht zu verkennen, daß sie etwas zur Entspannung der Weltlage beitragen wollten. Beide überschätzten jedoch ihre eigenen Möglichkeiten und die Bedeutung ihrer Person und tanzten nun „als Puppen an den Drähten des Kremls". in der Sowjetunion von den dortigen politischen Machthabern mißbraucht. Er halte Niemöller für einen aller Realitäten baren Phantasten, der mit dem sowjetischen System liebäugele. Die russische Kirche sei vollständig von den sowjetischen Machthabern abhängig.

Transparente gegen Martin Niemöller

Eine nächtliche Aktion in Wiesbaden / Täter blieben unerkannt

Wiesbaden, 11. Januar. (Eigener Bericht.) In der Nacht zum Freitag, bald nach Mitternacht, befestigten unbekannte Täter in der Nähe der Wohnung des Kirchenpräsidenten Niemöller Transparente mit politischen Ueberschriften. Ein etwa 20 Meter breites, über die Straße gespanntes Transparent trug die Ueberschrift „Zurück nach Moskau, towaritsch Niemöller! dawaj, dawaj, dawaj!“. Mit dem russischen Ausruf dawaj, mit dem die sowjetischen Wachen die deutschen Kriegsgefangenen anzutreiben pflegten, suchten die Hersteller der Transparente ihre Abneigung gegen Niemöllers Reise nach Moskau zum Ausdruck zu bringen und sie als einen Verrat darzustellen.

Das Tagblatt hatte bereits von diesem Vorhaben antibolschewistischer Organisationen berichtet. Außerdem wurden Flugzettel in Wiesbaden gegen Niemöller verteilt. Die Transparente wurden im Laufe des späten Vormittags von der Polizei entfernt. Wie aus unterrichteten Kreisen verlautet, soll diese Transparentaktion von politischen Zentralen außerhalb Wiesbadens inspiriert sein.

Grotewohl: Schwarzer Freitag

Berlin, 11. Januar. (UP) Einen „schwarzen Freitag in der Geschichte des deutschen Volkes“ nannte der Sowjetzonen-Ministerpräsident Grotewohl den Tag der Annahme des Schuman-Planes. Deshalb müßten in allen Teilen Deutschlands „Sofortmaßnahmen zur Wahl einer deutschen Nationalversammlung“ getroffen werden.

Darmstädter Tagblatt

Wirth spricht von „Aktion auf längere Sicht"

Die Ostzonenreise soll Ausgangspunkt für weitere Bemühungen in Westdeutschland sein

Berlin, 6. Januar. (AP) Der ehemalige deutsche Reichskanzler Josef Wirth gab der Associated Press ein Interview, in dem er seine Bemühungen über die Wiedererringung der deutschen Einheit als ersten Schritt einer „auf längere Sicht geplanten Aktion" bezeichnete.

Der 72jährige Wirth fühlt sich, wie er sagt, „noch frisch genug", um erneut ins politische Leben zu treten. Als seine nächste Arbeit bezeichnete er eine Denkschrift über die Ergebnisse seiner Reise. Diese Arbeit soll der Ausgangspunkt zu weiteren politischen Aktionen in der gleichen Richtung sein.

Wirth meinte, daß sich seine politischen Bemühungen mit denen anderer westdeutscher Persönlichkeiten angleichen ließen. Er erwähnte die Vorsitzende der Zentrumspartei, Helene Wessel, den ehemaligen Bundesinnenminister Dr. Gustav Heinemann und Martin Niemöller, mit dem er nach dessen Rückkehr aus Moskau zusammenzutreffen hoffe. Darüber hinaus glaube er, auch bei einem „weit umfangreicheren Personenkreis" in Westdeutschland ein Echo zu finden.

Wirth forderte, daß die westdeutschen Politiker und die Bundesregierung aus ihrer polemischen Einstellung herauskommen sollten, um den Boden für gesamtdeutsche Gespräche zu bereiten. „Die ostdeutschen Politiker sind durchaus ernst zu nehmen", erklärte Wirth. „Sie wollen ebenso wie die Russen die Wiedervereinigung Deutschlands auf der Grundlage des Potsdamer Abkommens." Auf die Frage, warum die Sowjets und die Ostzonenregierung die Wiedervereinigung wollen, obwohl das Wahlergebnis eine Niederlage für die Kommunisten bringen könnte, erklärte Wirth, die „Sowjets wollen ihre im Potsdamer Abkommen eingegangenen Verpflichtungen einhalten".

Wirth vertrat die Auffassung, daß Bundesminister Jakob Kaiser sein Ministerium für gesamtdeutsche Fragen auflösen müsse, da es „nicht nur unnötig" sei, sondern auch die Besprechung gesamtdeutscher Fragen erschwere.

Auf die Frage nach seinen Bemühungen um die Freilassung politischer Gefangener der Ostzonenregierung und der Sowjets bemerkte Wirth, daß die Sowjets das „Recht" hätten, sich gegen Saboteure und solche politischen Gegner zu wenden, die aktiv gegen die bestehende Ordnung vorgingen. Die Weimarer Republik, so meinte er, sei ihren politischen Gegnern gegenüber „viel zu milde" gewesen. Er glaube aber, daß es gelingen werde, „eine größere Zahl von Fällen" politischer Häftlinge zu klären.

Mit den Bemühungen um Freilassung der politischen Gefangenen, erklärte Wirth, habe er kein „politisches Tauschgeschäft" einleiten wollen, sondern habe sich nur von „humanen Bestrebungen" leiten lassen.

Dr. Wirth und Niemöller hätten die Verantwortung für ihre Schritte allein zu tragen. Ihre Rolle im Westen aber hätten sie ausgespielt.

Wirth ein Werkzeug der Sowjets

Bonn, 6. Januar. (UP) Die Aeußerungen des früheren deutschen Reichskanzlers Dr. Joseph Wirth zu gesamtdeutschen Fragen zeigen deutlich, wie sehr es der Sozialistischen Einheitspartei und den Sowjets gelungen sei, ihn zu einem willigen Werkzeug zu machen, wurde von Regierungssprechern in Bonn erklärt.

Wirth und Niemöller »spielen das Spiel der Russen«

Regierungsparteien und Opposition verwerfen die Reisen nach Ostberlin und Moskau

BONN (ap). Die Reisen des früheren deutschen Reichskanzlers Dr. Josef Wirth in die Sowjetzone und des evangelischen Kirchenpräsidenten D. Martin Niemöller nach Moskau wurden gestern von der FDP als „abwegige Seitenpfade" bezeichnet, „die uns weder einer weltpolitischen Entspannung noch der deutschen Einheit näherbringen". Auch die CDU/CSU-Bundestagsfraktion wandte sich gestern scharf gegen die Reisen Dr. Wirths und D. Niemöllers. Zur Einheit Deutschlands gebe es nur den westlichen Weg der Freiheit oder den östlichen der sogenannten Volksdemokratie. Diese Gegensätze seien wie Tag und Nacht und ließen keinen Kompromiß zu. Der Sprecher des SPD-Vorstandes, Fritz Heine, bezeichnete die Reisen von Wirth und Niemöller als „absolut unerfreuliche Aktionen". Auch Niemöller müsse sich, wenn er politisch wirksam werde, politische Kritik gefallen lassen. Die beiden Reisenden spielten „bewußt oder unbewußt das Spiel der Russen". Beide Aktionen dienten nicht der Sache des deutschen Volkes.

Bonner politische Kreise erklärten gestern, nachdem die Vollversammlung der Vereinten Nationen gesprochen habe, liege die Entscheidung über die weiteren Schritte für deutsche Wahlen jetzt bei Sowjetrußland. Es sei begreiflich, daß den Sowjetrussen diese Entscheidung schwer falle, „aber sie können ihr nicht mit Ausweichmanövern begegnen, wie sie mit den Namen Wirth und Niemöller versucht wurden".

Der Westen habe die Tür nicht zugeschlagen. Deshalb dürfte auch Piecks „Nein" zu den Pariser Vorschlägen nicht das letzte Wort des Ostens über die Vierzonenwahl sein.

„Gefährlicher Zeitpunkt"

Sprecher der vier im Hessischen Landtag vertretenen Parteien — der SPD, FDP, CDU und des BHE — äußerten sich gestern im gleichen Sinne über die Reise des hessischen Kirchenpräsidenten Niemöller nach Moskau.

Der Vorsitzende der SPD Hessen-Süd, Minister Heinrich Fischer, unterstrich den propagandistischen Nutzen, den die Sowjets aus Niemöllers Reise zögen. Niemöller habe kein Gefühl dafür, daß er den Russen mit seiner Reise einen Gefallen tue. Für den Landesvorstand der hessischen CDU bezeichnete in Frankfurt der Landesgeschäftsführer Willi Wolfermann den Zeitpunkt der Niemöller-Reise als gefährlich. Angesichts der angebahnten Entscheidungen in Paris über die europäische Verteidigungsgemeinschaft und angesichts des wirtschaftlichen Zusammenwachsens Europas im Schuman-Plan sei zumindest der Termin der Niemöller-Reise vom deutschen Standpunkt aus nicht gerade günstig gewählt.

Der Landesverband Hessen der FDP meinte: „Der Zeitpunkt der Reise wurde von den Bolschewiken gut gewählt. Der einzige, der das anscheinend nicht gemerkt hat, ist Herr Niemöller selbst. Aber er hat ja in politischen Fragen noch nie eine glückliche Hand gehabt".

Wirth: Ich sprach mit Tschuikow und Semjonow

Nach tagelangen Kombinationen über den Grund seiner Reise nach Ostberlin bestätigte gestern der ehemalige Reichskanzler Dr. Joseph Wirth selbst, daß er auf Einladung des Ostberliner Oberbürgermeisters Friedrich Ebert (SED) in der alten Reichshauptstadt weilt und Zusammenkünfte mit führenden Persönlichkeiten des Sowjetzonenregimes und der sowjetischen Besatzungsmacht gehabt hat. Er sei von dem sowjetischen Oberbefehlshaber in Deutschland, General Tschuikow, empfangen worden. Dabei sei Botschafter Semjonow, der politische Berater Tschuikows, zugegen

nach den USA reisen, teilte gestern abend sein Sekretariat mit.

(Siehe Leitartikel S. 2: „Propagandareise nach Moskau")

Und diese langjährige Propaganda gegen den Kommunismus von Moskau, das ist ja heute noch nicht zu Ende, sondern das ist ja nun so der Echtheitsstempel auf der Geburtsurkunde der Bundesrepublik Deutschland geblieben.

Das war Adenauer und das war Dibelius. Und da klappten also die Pforten zu und die Mauer war errichtet, wurde errichtet zwischen Ost und West.

Diesen Echtheitsstempel haben Sie ja nie gehabt persönlich, nicht? Als Antibolschewist, wie Sie es eben genannt haben?

Nein, nein, nein, ich bin nicht echt. Ich bin immer unecht geblieben.

Warum sind Sie denn 1952 da hingefahren nach Moskau?

Nach Moskau, weil ich ja ökumenisch interessiert war. Ich war ja damals überhaupt nicht politisch interessiert, abgesehen davon, daß ich Deutschland beieinander halten wollte oder wieder zusammenkriegen wollte, nicht wahr. Und das hab ich schon erzählt, daß ja in der Bundesrepublik wir ein Konfessionsverhältnis römisch-katholisch und protestantisch von 50 zu 50 etwa hatten, und daß in der DDR wir eins von 90 zu 10 hatten und haben. Und die Protestanten sind natürlich alle abgegangen, ebenso wie bei uns, wir sind ja kein evangelisches oder protestantisches Volk in der Bundesrepublik, die 50 Prozent Protestanten, sondern das sind ja alles Heiden, nicht, die gehen nicht in die Kirche und die haben kein Gesangbuch und kein Wort aus der Bibel, aber spielen sich dann als Christlich-Demokratische Union auf, und das ist also mein Gegensatz gegen die Beteiligung Evangelischer an der CDU, denn das ist ja bloß: Wo verdienen wir mehr, und womit können wir mehr verdienen.

Als Gast der Russisch-Orthodoxen Kirche, Frühjahr 1961

Konrad Adenauer auf dem CDU-Parteitag, 4. Oktober 1950 in Goslar:

„Ich kann nur sagen, daß Herr Niemöller in geradezu unverantwortlicher Weise sich gegen die Ehre und das Ansehen seiner Mitmenschen versündigt. Daß er dem deutschen Volke schwersten Schaden zufügt."

Niemöller auf dem Kirchentag in Frankfurt 1956:

„Wir wissen schon, daß mancherlei in unserem Leben und auch in unserem Miteinanderleben nicht stimmt, und daß es mit den gewohnten Methoden nicht mehr lange weitergehen kann. Wir können nicht einfach unseren Willen haben. Wir müssen Rücksicht auf die anderen nehmen. Wir müssen so oder so zur Verständigung kommen. Und das gilt im Leben der Völker wie im Leben der einzelnen."

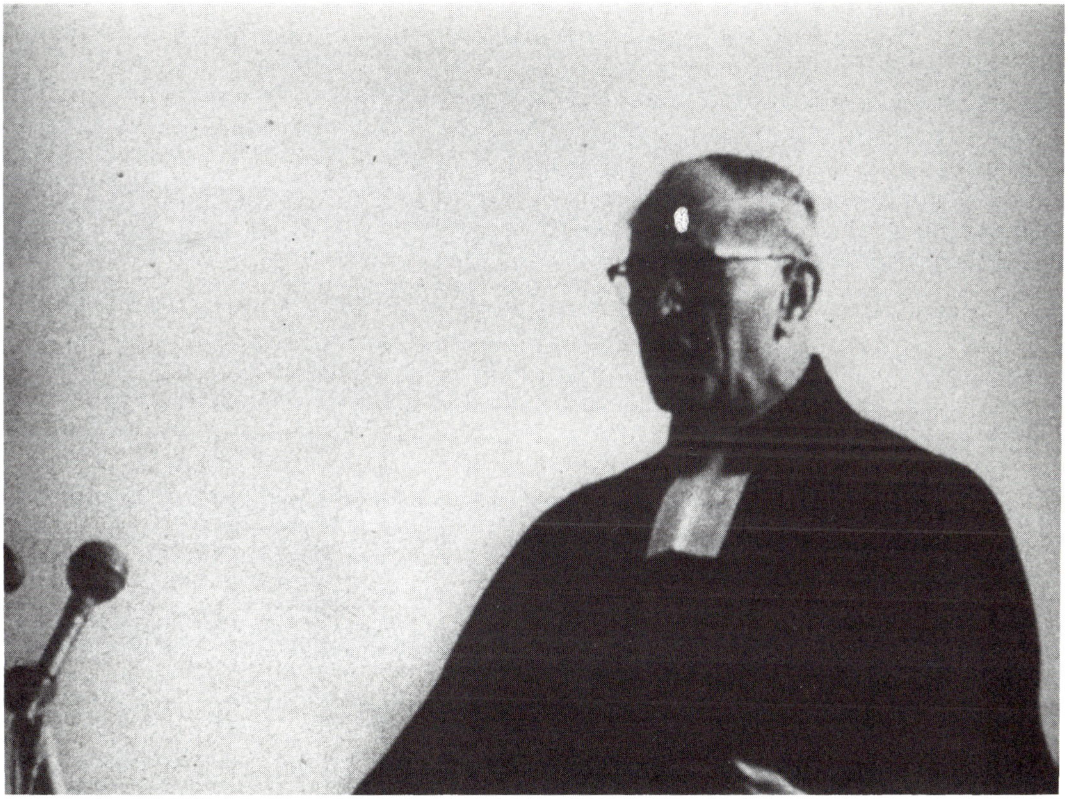

Martin Niemöller, der

Pastor und Seelsorger

Ich würd ganz gern nochmal an eins anknüpfen, was Sie vorhin gesagt haben zur Situation während des Faschismus. Sie haben gesagt, wir waren ja im Grund auf der richtigen Seite, aber wir haben nicht gehandelt, wir haben nur zugeschaut. Gilt auch für heute diese Einschätzung, daß nicht gehandelt wird, daß man nur zuschaut?

Ja, also, wer das mal begriffen hat, daß das Zuschauen und Nichtstun, daß das die eigentliche Sünde ist, d.h. wenn man aus seiner Überzeugung bzw. aus dem persönlichen Gewesensein an Jesus als dem, in dem Gott sich uns offenbart und mitteilt, wenn man daraus keine Konsequenzen zieht, dann ist das Matthäus 25: Ich bin gefangen gewesen und ihr habt mich nicht besucht ... Wo haben wir dich jemals gefangen gesehen? Du Jesus von Nazareth, wir haben dich doch nie im Gefängnis gesehen, also wie hätten wir dich besuchen sollen? Was ihr nicht getan habt einem unter diesen Geringsten, habt ihr mir auch nicht getan. Und da fehlt in der Matthäus-Fassung ja sehr bezeichnenderweise das Wort Brüder. Beim ersten: Alles, was ihr getan habt einem unter diesen meinen geringsten Brüdern, das habt ihr mir getan. Aber in der zweiten Hälfte dieses Doppelgleichnisses heißt es dann: Alles, was ihr nicht getan habt einem unter diesen Geringsten, das habt ihr mir auch nicht getan. Da wird keine Grenze gezogen im Jüngerkreis.

Wenn man das jetzt in der Gegenwart sieht: Gibt es überhaupt eine Richtung, wie man handeln sollte, handeln müßte? Was können Sie dazu sagen?

Ja, ich fühle mich wesentlich freier, seitdem ich den ersten Ostermarsch mitgemacht habe. Das kann ich machen, und was anderes kann ich nicht machen, da ist man ja gleich abgestempelt, an das Trommelfell der Leute kommt man im Grunde gar nicht dran. Die wollen gar nicht hören, die leben in ihren Vorurteilen und von ihren Vorurteilen.

Jetzt ist doch aber dieses Eintreten, im Sinne auch der Bergpredigt, wie Sie das ja schon oft formuliert haben, ja nicht leicht gewesen. Also daß Sie 1954 mitten im Kalten Krieg dann den Vorsitz der Deutschen Friedensgesellschaft übernommen haben, zusätzlich zu den Aufgaben in der Ökumene und in der Kirchenleitung, das war doch sicherlich auch eine persönliche Belastung. Die Friedensgesellschaft war ja ein rotes Tuch.

Ja. Also eine persönliche Belastung ist es schon, nicht wahr, wenn man sich immer wieder in der Lage sieht, daß man sich gegen Mißverständnisse und so was wehren muß und trotzdem nicht glaubt, daß die Presse und die sonstigen Öffentlichkeitsmedien dafür kein geeigneter Boden sind, dann ist das schon etwas schwierig ..., aber naja, als Christ kommt man darüber schon weg und als Westfale mit einem Dickkopf auch.

Ich habe jetzt mal wieder meine Tagebücher gelesen, hier liegen sie, angefangen 1909. Da war ich gerade in die Oberprima gekommen und habe dann immer wieder Tagebuch geführt, wenn ich nicht gerade dienstlich Tagebuch führen mußte, und ich sehe daraus, wie ich mich gewandelt habe oder verwandelt worden bin durch die Jahre, und wie man trotzdem dasselbe Ich geblieben ist und trotzdem mit seinen Empfindungen, Reaktionen usw. so furchtbar sich selber ähnlich und gleich geblieben ist. Und durch den Weg, den man gegangen ist, geführt wurde, genötigt wurde zu gehen, eine ganz gerade Linie im Grunde gegangen ist, die vom konservativ Nationalistischen über eine leichte Neigung zum Nationalsozialistischen zu Beginn der

Weimarer Repbulik im Anfang der 20er Jahre, dann doch ganz klar dahin gegangen ist, daß ich mehr und mehr zum Demokraten wurde. Aber in der Erkenntnis, daß auch das Demokratische ja mißbraucht wird. Und wir merken ja heute, wie es mißbraucht wird, und wie man damit manipuliert und damit spielt und so tut, als ob. Und dann markiert, das ist der Wille des Volkes. Aber in Wirklichkeit fragt man das Volk nicht, sondern man fragt seine Repräsentanten und die sich als solche aufspielen oder aufgespielt haben und irgendwo ihre Teilziele erreicht haben, daß das nun die berufenen Sprecher für das Volk, für den Demos, also für das Volk, daß die das sind, sich als solche ausgeben können und in Wirklichkeit bloß als solche aufspielen — ob das nun SPD oder CDU oder sonstige Parteigrößen sind, von denen man nur sagen kann, alle Achtung vor dem, was diese Leute können. Bloß Demokraten im Sinne dessen, was wir mal unter Demokratie philosophisch verstanden und gelernt, gelernt und verstanden haben, Demokraten sind das ja alle nicht. Sondern das sind ja alles Leute, die mit demokratischen Mitteln die öffentliche Meinung, bzw. die Politik oder die Parteikonstellationen und so was manipulieren, d.h. handhaben. Und das wird dann eine Kunst, diese Manipulation, und das nennt sich dann Politik.

Darf ich da mal zwischenfragen, sind Sie denn selbst als Mensch in Ihrer Funktion, auch als Vorgesetzter, sind Sie denn da selbst demokratisch gewesen, haben Sie da in Ihrer unmittelbaren Umgebung Demokratie realisieren können, mit Ihren Mitarbeitern, Kollegen?

Ich kann nur sagen, ich habe keine demokratischere Verwirklichung gesehen als meine U-Boots-Besatzung.

Die U-Boots-Besatzung?

Meine U-Boots-Besatzung, die 40 Leute.

War das nicht Befehl und Gehorsam? Da gabs doch keine Mitbestimmung?

Ach, im kritischen Augenblick natürlich, da gibts keine Mitbestimmung. Aber sonst spricht man miteinander, auch über das, was man vorhat usw., und ob es vielleicht besser ist, bei dieser schönen Vollmondnacht sich auf diesem Kurs zu halten oder auf jenem Kurs, weil auf dem Kurs jemand kommen könnte, der einen im Mondlicht sieht oder der einem mit dem Blick gegen den Mond verborgen bleibt.

Solche Geschichten, die besprach man doch miteinander, mit seinem Bootsmannsmaaten, mit dem man auf der Wache stand, oben auf dem Turm, oder dem Ausguckposten usw. Das waren alles Leute, die ihren wichtigen, verantwortungsvollen Posten hatten, und daß die Leute in der Maschine auch funktionierten, wenn man ihnen durchs Sprachrohr von der Brücke da was runterkorkste, in die Zentrale rein, und von da gings weiter in den Maschinenraum. Das war etwas, was für meine Begriffe eine ideale Demokratie gewesen ist.

Und das habe ich später in meiner Gemeinde in Berlin-Dahlem mit dem Gemeindekirchenrat und mit der Gemeindevertretung auch so exerziert und bin glücklich dabei gewesen und habe niemals einen Vorgesetzten herausgekehrt. Das kann man im entscheidenden Augenblick, da kann man sagen, also ich habe jetzt das Wort und ich bestimme so.

Aber haben Sie auch später, auch in anderen Fragen, wo es um die Friedensbewegung ging, haben Sie da auch mit anderen den Kurs immer diskutiert, oder waren Sie einsamer Entscheider?

Oh nein, in der Friedensbewegung, da sind wir, soviel ich weiß, nie einsame Entscheider gewesen, und deshalb hab ich mich gegen das Generalsekretariatswesen so gewehrt innerhalb aller Organisationen, in denen ich zu tun hatte, weil das Management sich überall durchzusetzen versucht und die klugen Leute eine Neigung und einen Hang haben, sich in solche regulierenden und damit im Grund regierenden Stellungen hineinzubringen.

„. . . dazu kann man bloß bedingungslos nein sagen!“

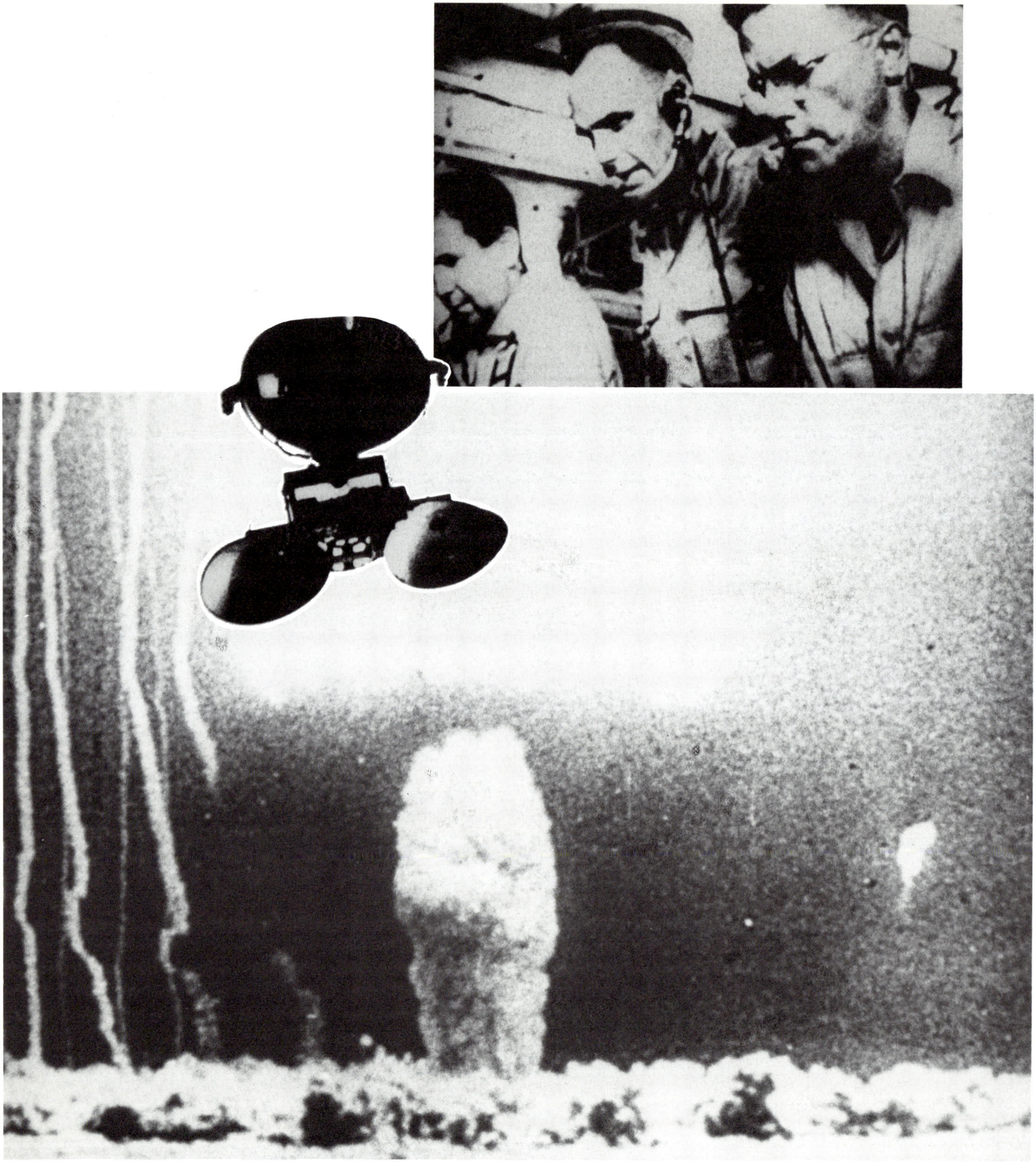

Als sich der Rat der Evangelischen Kirche 1954 „nicht in der Lage sieht", eine Erklärung gegen die Wasserstoff-Bombe abzugeben, besteht Niemöller auf Informationen aus erster Hand.

Und dann kamen die Amerikaner mit der Wasserstoffbombe. Die Wasserstoffbombe, darüber gab es ja einen Streit unter den Wissenschaftlern. Die Göttinger 18 haben damals gesagt, das geht nicht, man darf das nicht machen und wir machen nicht mit.

Damit glaubten ja die Amerikaner, hier an der Spitze der Welt zu sein, so wie 1945 mit der Atombombe. Damals gab Paul VI., der Papst in Rom war, der gab ein Rundschreiben raus, die Wasserstoffbombe wäre die größte Gefahr, die die Menschheit über sich selber brächte, und die Kirche müßte absolut dagegen stehen. Ich war Mitglied des Rates der Evangelischen Kirche in Deutschland und nahm das in die nächste Ratssitzung mit und sagte: „Liebe Brüder, wenn der Papst so etwas macht, dann ist es ja wohl Zeit für uns, daß wir auch etwas sagen."

Ich hatte vorher, vor dieser Ratssitzung schon Dibelius getrommelt, er müßte während der Tagung der Max-Planck-Gesellschaft mal mit Hahn sprechen, und ich wollte das gerne vermitteln. Ich nahm noch Gollwitzer mit als Dritten, und dann

Niemöller arrangiert ein Treffen mit den Atomwissenschaftlern Werner Heisenberg, C.F. von Weizsäcker und Otto Hahn.

haben wir drei im Hotel „Nassauer Hof" in Wiesbaden mit Hahn, Heisenberg und C.F. Weizsäcker gesprochen, sechs Mann hoch. In Wirklichkeit spielte sich das Gespräch zwischen Hahn und mir ab. Dibelius war sehr vorsichtig, ja nicht irgendwo einen Finger reinzustecken.

Was wurde denn da gesprochen?

Ich sagte: „Herr Hahn, Sie sind ja auch Glied unserer evangelischen Kirche, und Sie kennen den Brief, den der Papst losgelassen hat; die Frage ist, ob wir von der evangelischen Kirche jetzt auch so etwas ähnliches sagen."

Die Frage ist jetzt, ob es wirklich so schlimm wäre, wie es der Papst dargestellt hätte. Und darauf sagte Hahn, nein, es ist nicht so schlimm, wie es der Papst dargestellt hat, es ist viel schlimmer. Und ich stand da mit offenem Mund und fragte, inwiefern ist es viel schlimmer.

Hahn sagte, „für die Wissenschaft ist es kein Problem mehr, einen Apparat zu konstruieren, mit dem man alle Lebewesen auf der Oberfläche dieses Globus verschwinden lassen kann oder sterben lassen kann." Und naja, darauf gabs ein großes Schweigen und ich sagte, „um Gottes Willen, Herr Hahn, was wäre passiert, wenn der Adolf Hitler so einen Apparat gehabt hätte?" Hahn antwortete nicht, Weizsäcker guckte auf die Seite und Heisen-

berg sagte, „ach, Herr Pastor oder Herr Präsident, oder was ich damals war, dann brauchten wir uns heute darüber den Kopf nicht mehr zu zerbrechen." Das war für mich dann der Punkt, ob Pazifismus das richtige wäre oder nicht das richtige wäre, sondern einfach zwingend ist — damit bin ich Pazifist geworden und bin Pazifist geblieben und habe gesagt, wer heutzutage von Krieg redet, wo

Im gleichen Jahr wird Martin Niemöller Präsident der Deutschen Friedensgesellschaft.

es, ich weiß nicht wie viele Staaten in der Welt gibt, die in der Lage sind, diesen Apparat zu machen und hochgehen zu lassen, da kann ich bloß sagen, Krieg ist also nicht bloß nach unserer christlichen Lehre, sondern ist überhaupt gegen alle Menschenwürde, die Verneinung aller Menschenwürde und absolut unmenschlich, die totale Absage an Gott und die totale Absage an den Menschen. Das geht nicht, dazu kann man bloß bedingungslos nein sagen.

Und von da her dann meine pazifistische Einstellung, von der ich heute bloß sagen kann, die Leute müßten das doch begreifen, wenn sie noch einen Funken von Denkvermögen, was wir gesunden Menschenverstand nennen, in sich haben, müßten sie das doch begreifen. Und trotzdem reden angeblich vernünftige Leute von Atomkrieg. Daß man mit der ersten Welle gleich in seine Atome aufgelöst wird, müßte doch eine Selbstverständlichkeit sein. Ich verstehe keinen Menschen mehr, der anders redet darüber, oder anders darüber denkt. Man kann nicht anders darüber denken oder man ist verrückt; und wir werden also von Wahnsinnigen regiert in der heutigen Politik, die mit Atomkrieg rechnet, und damit hört für mich auch die politische Debatte auf.

„In allen vernünftigen Kreisen Deutschlands setzt sich die Ansicht durch, daß es keinen Sinn hat, sich mit Herrn Niemöller auseinanderzusetzen, weil er nicht mehr ernst genommen werden kann.“
Franz Josef Strauß (lt. Badische Neueste Nachrichten vom 31.12.1964)

„Aus diesem Menschen spricht der politische Unverstand. Niemöller ist ein politischer Niemand.“
Herbert Wehner (lt. FAZ vom 24.1.1965)

24.1.65

Wehner greift Niemöller scharf an

„Politischer Niemand" / Der frühere Kirchenpräsident verteidigt sich

F.A.Z. FRANKFURT, 3. Januar. Die Erklärung des früheren hessen-nassauischen Kirchenpräsidenten Niemöller, möglichst viele sollten bei der nächsten Bundestagswahl ungültige Stimmzettel abgeben, ist vom stellvertretenden SPD-Vorsitzenden Wehner kritisiert worden. In der „Welt am Sonntag" schreibt Wehner: „Eigentlich verlohnt es sich nicht, zu den abwegigen Theorien von D. Niemöller Stellung zu nehmen; denn ich bin davon überzeugt, er wird im deutschen Volke keine nennenswerte Gefolgschaft finden. Trotzdem dürfen seine Ansichten nicht unwidersprochen bleiben. Einmal, weil er immer wieder — wenn auch nicht mit Willen — einer der Kronzeugen des Ostens für angeblich undemokratische Zustände in der Bundesrepublik ist. Zum anderen, weil viele gutwillige Freunde im Westen glauben, 1965 spreche noch der Niemöller der Jahre 1945 oder 1946, der er nicht mehr ist.

Dabei widerlegt Niemöller sich selber. Er sagt, wer redet, wird zum Schweigen gebracht. Dabei redet er doch, wie er will, ohne daß auch nur jemand daran denkt, ihm das Wort zu entziehen.

Bösartig ist jedoch seine Behauptung, man wolle die Notstandsgesetzgebung, weil es noch nicht genug Mittel zur Unterdrückung der Meinung gebe . . . Und wenn er sagt, bei einer großen Koalition — ich nehme jetzt etwa nicht aktuell zur Koalitionsfrage 1965 Stellung — werde eine Diktatur kommen, bei der Hitler noch ein Waisenknabe war, dann antworte ich: Aus diesem Menschen spricht der politische Unverstand . . . Niemöller als Mensch ist nur noch zu bedauern. Ein Mann, der persönlichen Mut bewies, der nach 1945 als einer der Sprecher des anderen Deutschland galt, ist heute — ich bedaure es — zum politischen Niemand geworden."

Niemöller erklärte zu den Angriffen gegen ihn: Die Äußerung am Schluß seines umstrittenen Aufsatzes sei gar nicht ein Aufruf zum Wahlboykott. Vielmehr werde in ihm zu einer möglichst hohen Wahlbeteiligung aufgefordert, allerdings mit dem Hinweis, „wenn man keine der bestehenden Parteien wählen kann, dann soll man dies unter Angabe der Gründe auf seinem Stimmzettel deutlich machen". Damit sei keinerlei Aufruf oder Empfehlung an die Bevölkerung der Bundesrepublik gegeben worden. Er habe damit seine Überzeugung zum Ausdruck gebracht, daß man nur auf diese Weise noch deutlich machen könne, „wenn in den wichtigsten Lebensfragen die Möglichkeit zur Opposition fehlt".

FAZ, 24. 1. 1965

FAZ, 30. 12. 1964

und sie könnten wie diese besser sein. Kritik darf und soll deshalb geübt werden, aber sie muß maßvoll bleiben. Für eine so maßlose Meinung wie die Niemöllers, dürfen jedoch die „Stimme der Gemeinde" und ein bekannter Kirchenname nicht mißbraucht werden. Man muß jetzt, schärfer denn je, den Theologen Niemöller, Mitpräsidenten des Weltrats der Kirchen, und den Politiker trennen. Wer dem Geistlichen Vertrauen schenken will, soll es tun, aber politische Demagogie darf nicht kritiklos hingenommen werden. Pharisäisch klingt die Anrufung Gottes für diese neue Schimpfkanonade und versuchte Unterhöhlung des Staatsgefühls, entlarvend ist der Hinweis des Kirchenpräsidenten a. D. auf die verbotenen Kommunisten. In Pankow wird wieder eitel Freude herrschen über ihn. Für Hitler mag es in seinen Höllenqualen zur Labsal werden, daß er nach Niemöllers Prophezeiung ein „Waisenknabe" sein würde im Vergleich zu dem, was in der Bundesrepublik kommen müsse, wenn eine von diesem falschen Propheten anscheinend befürchtete „Große Koalition" zwischen den Bonner Parteien Wirklichkeit werde. f. l.

Bischof Lilje gegen Niemöllers Boykottaufruf

31. Dez. 1964

Verantwortlichkeit und Mitarbeit das Gebot der Stunde

Hannover (AP/dpa). Der Landesbischof der evangelisch-lutherischen Landeskirche Hannover, Dr. Hanns Lilje, hat den Aufruf des Theologen Dr. Martin Niemöller zum Boykott der kommenden Bundestagswahlen als ein verfehltes Mittel für das Bestreben nach Frieden in der Welt bezeichnet. Lilje betonte, daß gerade die Sorge um ein geordnetes Staatswesen die Menschen veranlassen müsse, mit „Gewissenhaftigkeit und Sorgfalt" die gegebenen Mittel demokratischer Staatsgewalt zu nutzen. Nicht Abstinenz, sondern „verantwortliche und mutige Mitarbeit" sei das Gebot der Stunde.

Die drei im Bundestag vertretenen Parteien stellten fest, daß der frühere Kirchenpräsident für seine extravaganten und extremen Auffassungen bekannt sei. Der Sprecher der CDU-Bundestagsfraktion sagte, die Bevölkerung der Bundesrepublik sei politisch viel zu klug, als daß sie derartige Aufforderungen befolgen werde; der Sprecher der SPD-Bundestagsfraktion nannte Niemöllers Empfehlung einen „schlechten Rat". Nach Ansicht des FDP-Sprechers bedürfen die Äußerungen Niemöllers keines Kommentars.

Der CSU-Vorsitzende Franz Josef Strauß hat den Aufruf Niemöllers energisch zurückgewiesen. Strauß erklärte: „Wenn ich Herrn Niemöller ernst nehmen würde, würde ich seinen Aufruf als Appell zur Verantwortungslosigkeit und Sabotage an der Demokratie bezeichnen". Niemöller behalte die „destruktive Rolle" bei, die er sowohl in der Weimarer Republik als auch nach dem Ende des Hitler-Reiches gespielt habe. „In allen vernünftigen Kreisen Deutschlands setzt sich die Ansicht durch, daß es keinen Sinn hat, sich mit Herrn Niemöller auseinanderzusetzen, weil er nicht mehr ernst genommen werden kann", sagte Strauß.

Dr. Martin Niemöller hat im ersten Januar-Heft der in Frankfurt erscheinenden „Stimme der Gemeinde" die Bevölkerung der Bundesrepublik aufgerufen, bei den Bundestagswahlen im Herbst nächsten Jahres ungültige Stimmzettel abzugeben. Den „politischen Machthabern" solle klargemacht werden, „daß wir den Frieden wollen und in dieser Hinsicht zu den heute wählbaren Parteien kein Vertrauen haben", schreibt Niemöller. Ferner erklärt der Theologe in dem Aufsatz, der einzige Staat, der es an allgemeiner Unbeliebtheit mit der Bundesrepublik aufnehmen könne, sei die südafrikanische Union. „Vorwoerd und Seebohm sind wohl die Namen, hinter denen das heute lebende Menschengeschlecht die personifizierte Unmenschlichkeit vermutet, wozu innerhalb Europas wohl auch noch der Name Strauß genannt werden muß".

„Badische Neueste Nachrichten", 31. 12. 1964

Und meine Frage wäre, wie kann man das, was es an Atomkraft heute in der Welt gibt, wie kann man das so weit unschädlich machen, daß wir uns nicht selber damit umbringen können und eines schönen Tages, wenn einer verrückt wird und seiner eigenen Verrücktheit Raum gibt, daß dann einfach Schluß ist, nicht nur mit unserem Leben, sondern mit unserem Planeten und allem, was darauf mal an Menschen gewohnt hat, gelebt hat, gearbeitet hat, gedacht hat usw. Ist das deutlich genug?

Ich möchte, ich könnte es deutlicher sagen. Aber es ist für mich so erschlagend klar diese ganze Geschichte, daß ich manchmal wieder irre werde und sage, bin ich denn nun allein verrückt unter den heute lebenden Menschen, oder sind es die anderen auch, oder bin ich der allein Vernünftige.

Jetzt haben wir doch die Situation, daß die Regierenden, die Gewählten, die Bürger in vielen Fragen für inkompetent halten. Sie sagen, die wissen das gar nicht genau, und wir müssen entscheiden.

Da bin ich einmal durchaus in Übereinstimmung mit den Leuten, die sagen, der normale Bürger, der das Stimmrecht hat, weiß von den Dingen wenig. Auf der anderen Seite muß ich sagen, der normale Bürger könnte genau wissen, daß Atomrüstung Sünde ist. Und an der Stelle haben die Kirchen versagt oder hat jedenfalls unsere Kirche versagt und ist stehengeblieben bei der Feststellung: Krieg ist Sünde. Aber da Atombomben ja bloß Sinn haben im Zusammenhang mit Krieg, kann ich genauso gut sagen, eine Atombombe ist Sünde, und zwar im weitesten Umfang. Nicht bloß, wenn man sie anwendet, sondern wenn man sie macht, wenn man sie herstellt, wenn man sie duldet, wenn man sie als Abschreckungsmittel benutzt, nicht wahr. Das verträgt sich nicht mit meinem christlichen Glauben. Ich kann auch nicht verstehen, und bis jetzt hat mir das keiner klar machen können, inwiefern sich das für einen anderen Christenmenschen mit seinem christlichen Glauben verträgt. Ich kann also bloß sagen, ich kann bloß dafür arbeiten, daß in der heutigen Situation die Atombombe abgeschafft wird. Ob man das von heute auf morgen machen kann oder ob man das von heute auf übermorgen schrittweise machen muß, das kann ich nicht beurteilen.

Darf ich nochmal fragen: Damals waren Sie ja dabei, Sie waren ja selbst im Krieg, haben selbst getötet oder zumindest Befehle gegeben, um andere zu töten, und sind heute überzeugter Pazifist. Wie kann sich das jemand vorstellen, eine Wandlung vom Offizier, der bereit ist zu töten, bereit ist zu kämpfen, zum überzeugten Pazifisten?

Ja, weil ich einsehen gelernt habe in langen Jahren und Jahrzehnten, daß mit Krieg nichts erreicht werden kann. Vorher hatte man immer von dem Christentum, in dem man groß geworden war und an dem man hing, einen Kompromiß versucht zu dem Töten im Kriege. Also, du sollst nicht töten, das 5. Gebot, das war praktisch für den Staat außer Kraft gesetzt, und das passierte ja schon im 4. Jahrhundert, daran hat auch eine Reformation in Deutschland nichts ändern können, zumal die Reformation ja dann die Fürsten zu Bischöfen der reformierten Gebiete machte und diese Fürsten ja von Krieg lebten. Das ganze Mittelalter hat ja davon gelebt, daß immer ein Landesherr einen anderen Landesherrn um ein Stück Gebiet bekämpfte.

Ist das aber nicht heute eine vergleichbare Situation, daß einige immer noch gut vom Krieg leben und von der Kriegsindustrie?

Ja, aber anders herum, von der Waffenproduktion leben die und davon, daß die Waffen abgesetzt werden können irgendwo.

Heute wird ja in Amerika in einem unermeßlichen Maße mehr Geld in neue Raketen und andere Rüstungsgüter gesteckt. Und das ist ja wahrscheinlich der Reichtum, der auf der anderen Seite, z.B. bei den Hungernden in Detroit fehlt.

Sicher, damit machen die ihren Reichtum, Rüstungsgüter usw.

★

Wenn ich denke, was habe ich mit meinen großen Bildungsmöglichkeiten von der Schule an und durch meinen Beruf als Offizier und durch meinen Beruf als Theologe und Pastor, was hätte ich alles wissen können, aber kein Mensch hat Wert drauf gelegt, mir dieses Wissen in irgendeiner Weise beizubringen. Der Horizont ist ja künstlich klein gehalten.

Aber soll der denn nicht wieder künstlich kleiner werden, wenn man hört, gerade die gegenwärtige Regierung spricht von Wende. Es soll weniger Bildungseuphorie betrieben werden. Die Leute werden unzufrieden, man soll sich auf die Werte, auf Gott, auf Ehrfurcht, Selbstbescheidenheit zurückbesinnen.

Jawohl, jawohl, jawohl, die Religion ist ein gutes Mittel, die Leute dumm zu halten, und dazu ist sie ja mißbraucht worden, wissentlich oder unwissentlich. Also ich glaube schon, daß in der sogenannten Christenheit vom 4. Jahrhundert an die Leute mit Bewußtsein des Staates und der Politiker dumm gehalten wurden und nicht mehr dazulernen konnten, was in anderen Teilen der Welt vor sich ging, sonst hätte wahrscheinlich die Innere Mission und das, was heute Caritas oder Misereor, das hätte wahrscheinlich sehr viel früher angefangen und wäre eben nicht nur so eine temporäre Erscheinung gewesen, wo ein Armer dir begegnet, da gib ihm was, und das ist ein gutes christliches Werk. Aber daß ganze Gebiete verhungerten, und daß man die Hungersnot als ein Naturereignis angesehen hat und nicht als eine Verpflichtung für andere, nun zu helfen, das ist ja erst spät gekommen.

Krieg wird ja auch immer als Naturereignis dargestellt. Nicht als etwas, was von Menschen gemacht und geplant ist.

Eben, Hungersnöte sind Schuld der Menschen, der Menschheit. Mangel an Solidarität der Menschheit. Wir leben heute im Abendland tatsächlich auf Kosten derer, die hungern müssen. Aber die Leute in der Sahel-Zone, in Angola oder so, wo man hart arbeiten muß, um das tägliche Brot zu schaffen, die werden einfach nicht gesehen; die werden zu Sklaven gemacht. Und davon lebt dann der sogenannte Kapitalismus, der nicht vom Kapital lebt, sondern von der Sklaverei.

Im Juni 1956 wird Martin Niemöller vom Rat der Evangelischen Kirche als Leiter des kirchlichen Außenamtes abgesetzt.

„Im Ostermarsch der 60er Jahre, da bin ich nochmal richtig lebendig gewesen."

Am 25. März 1958 ermächtigt der Bundestag die Regierung zur atomaren Bewaffnung der Bundeswehr.

„... Ziffer Drei. Wer dieser Ziffer zustimmen will, den bitte ich um ein Handzeichen, Gegenprobe, Enthaltungen.
Bei zahlreichen Gegenstimmen und einer Reihe von Enthaltungen ist die Ziffer Drei angenommen."

Süddeutsche Zeitung

MÜNCHNER NEUESTE NACHRICHTEN AUS POLITIK · KULTUR · WIRTSCHAFT · SPORT

Das Ja des Bundestags zur Atombewaffnung

Die Regierungsparteien setzen gegen den Widerstand der Opposition die Annahme ihrer Entschließung durch Ausrüstung mit modernsten Waffen, falls ein allgemeines Abrüstungsabkommen nicht zustande kommt

Von unserer Bonner Redaktion

Bonn, 26. März — Bonn stand am Mittwoch unter dem Eindruck der viertägigen Bundestagsdebatte, die in der vorangegangenen Nacht mit der Zustimmung der Parlamentsmehrheit zur atomaren Bewaffnung der Bundeswehr beendet worden war. Der Bundestag hat, wie bereits in einem Teil unserer gestrigen Auflage berichtet, die Bundesregierung in einer Entschließung ermächtigt, bis zum Zustandekommen eines allgemeinen Abrüstungsabkommens „die Streitkräfte der Bundesrepublik mit den modernsten Waffen so auszurüsten, daß sie den von der Bundesregierung übernommenen Verpflichtungen im Rahmen der NATO zu genügen vermögen". Die Opposition (SPD und FDP) hat auf den drohenden „nationalen Notstand" hingewiesen und Maßnahmen zu seiner Behebung gefordert.

Der Ermächtigung, die Bundeswehr zur gegebenen Zeit mit Atomwaffen auszurüsten, wurde das Ersuchen an die Bundesregierung vorangestellt, bei allen internationalen Verhandlungen und Konferenzen „für eine allgemeine kontrollierte Abrüstung sowohl atomarer Regierung Adenauer die Vollmacht erteilt, auch die Bundesrepublik mit ihrer Bundeswehr in den „Strudel des atomaren Wettrüstens" hineinzuziehen, schrieb die SPD in ihrem Pressedienst.

Wie ernst die Oppositionsparteien die neue Situation einschätzen, zeigte bereits am Dienstag kurz vor Ende der fast elfstündigen Abschlußdebatte im Bundestag der Versuch der FDP und der SPD, einen drohenden „nationalen Notstand" zu proklamieren, und zwar wegen der seit dreizehn Jahren fortdauernden Spaltung Deutschlands, wegen des Ausbleibens eines Friedensvertrages und wegen der Entschlossenheit der Bundesregierung, die Bundeswehr atomar auszurüsten. Der FDP-Abgeordnete Mende hatte dieser Proklamation, die der SPD-Vorsitzende Ollenhauer abgab, die Forderung nach Bildung eines „Kabinetts des nationalen Notstandes" hinzugefügt. Chef dieses Kabinetts sollte ein CDU-Mitglied sein, jedoch nicht Bundeskanzler Adenauer. Die FDP denkt an Bundestagspräsi-

(Fortsetzung auf Seite 2, Spalte 3)

„Süddeutsche Zeitung", 27. 3. 1958

ARD Wochenspiegel Nr. 257
Sonntag, den 29. März 1958
Hier ist das Deutsche Fernsehen mit dem Wochenspiegel.

Die Schlagzeilen der Woche:
Bonn: Atom-Debatte im Bundestag
Die viertägige erbitterte außenpolitische Debatte des Bundestages schloß letzte Woche Dienstag mit der Annahme einer Resolution der Regierungsparteien. Gegen den Widerstand der SPD und FDP wurde damit der Weg zur Ausrüstung der Bundeswehr mit — wie es heißt — „modernsten Waffen" freigegeben. Die Bevölkerung nahm regen Anteil an den teils heftigen Auseinandersetzungen zwischen Regierungs-Parteien und Opposition. Atomare Waffen für die Bundeswehr: ja oder nein, das war die Frage, die am Dienstag positiv beantwortet wurde. In der Resolution sprechen sich die Regierungsparteien zugleich für eine allgemeine kontrollierte Abrüstung aus. Sie äußern die Hoffnung, daß eine Gipfelkonferenz die deutsche Frage einer Lösung näher bringt. Freie Wahlen werden auch weiterhin als Grundlage der Wiedervereinigung bezeichnet. Über jede Ziffer der Resolution wurde einzeln abgestimmt.

DEUTSCHER BUNDESTAG
ABT. III — PRESSEAUSWERTUNG

DER KURIER

„Der Kurier" erscheint täglich außer sonntags. Abonnementspreis bei Lieferung durch Filialen ins Haus monatlich 4,30 DM, durch die Post 4,30, dazu 54 Pf. Bestellgeld. Bei unverschuldetem Ausfall der Lieferung kein Ersatzanspruch. Telegramm: Kurierverlag

Die Berliner Abendzeitung
Herausgeber Ernst Lemmer

Filialen: Charlottenburg, Kantstr. 123; Lichterfelde, Gardeschützenweg 96; Wilmersdorf, Uhlandstr. 103; W 35, Potsdamer Str. 136; Tempelhof, Te-Damm 158; Nkln. Hermannstr 162; Hermsd. Heinsestr. 47; Tegel, Berliner Str 92, Rckdf. Residenzstr. 49; N 65, Reinickend. Str. 1

Nummer 72 / 14. Jahrgang — Mittwoch, 26. März 1958 — 20 Pfennig

Opposition: Nationaler Notstand

Nach der Debatte — Atom-Auseinandersetzung geht weiter

DvK Bonn. Mit der Verkündung eines „nationalen Notstands" durch die Oppositionsparteien FDP und SPD endete in der Nacht zum Mittwoch die bisher längste außenpolitische Debatte des Bonner Bundestages. Ohne daß eine Verständigung zu einer gemeinsamen grundsätzlichen Haltung gegenüber einer späteren bedingten Ausrüstung der Bundeswehr mit Atomwaffen zwischen Regierungspartei und Opposition gefunden wurde, stimmte das Parlament vor dem Eintritt in die Osterferien insgesamt eineinviertel Stunden lang ab. Mit durchschnittlich 60 Stimmen Mehrheit in namentlichen Abstimmungen entschied sich der Bundestag für das Regierungsprogramm, einerseits mit allen Mitteln über eine Gipfelkonferenz der vier Besatzungsmächte eine kontrollierte West-Ost-Abrüstung zu unterstützen, andererseits aber bei einem Scheitern dieser Konferenz die Bundeswehr zur Stärkung des Verteidigungspotentials der NATO mit „modernsten Waffen", d. h. solchen, die auch zur Verwendung mit Atomsprengköpfen geeignet sind, auszurüsten.

Regierungssprecher ließen erkennen, daß der Zeitpunkt für eine solche Entscheidung erst etwa in anderthalb Jahren kommen könnte, daß auch dann die Kernwaffen unter amerikanischem Verschluß gehalten werden sollten sowie daß die Bundeswehr lediglich in die Lage versetzt werden sollte, im Notfalle eines Angriffs von anderer Seite sich mit Kernwaffen zu verteidigen. Somit wurde deutlich, daß die Bundesregierung der Haltung der Sowjetregierung auf einer Gipfelkonferenz die Entscheidung zuspielen will, ob Westdeutschland atomar teilaufgerüstet wird.

Ungeachtet dessen hat die Atom-Debatte des Bundestages die innerpolitischen Gegensätze in Deutschland außerordentlich aktiviert. Noch am Dienstag sprach eine Abordnung evangelischer Bischöfe unter Führung von Bischof Dibelius bei Bundeskanzler Adenauer vor und erläuterte ihm ernsthafteste Vorbehalte des deutschen Protestantismus gegen Atomwaffen an sich. Der Deutsche Gewerkschaftsbund hat seinen Bundesvorstand für Freitag zu einer Sondersitzung nach Hamburg einberufen, um über seine grundsätzliche Einstellung zur Atombewaffnung zu beraten.

(Fortsetzung auf Seite 2)

Ray Robinson wieder Box-Weltmeister

Chicago (Eigener Bericht). Der 37jährige Amerikaner Ray „Sugar" Robinson holte sich durch einen Punktsieg über den Titelverteidiger Carmen Basilio zum vierten Male die Box-Weltmeisterschaft im Mittelgewicht. 18 000 Zuschauer bereiteten dem alten und neuen Weltmeister nach dem erregenden Kampf über 15 Runden mächtige Ovationen. Robinson, der seinen Titel im September vorigen Jahres an den gleichen Gegner durch eine Punkt-Niederlage eingebüßt hatte, war der technisch überlegene Boxer. Er beherrschte seinen Gegner vor allem in den letzten Runden. Basilio war bereits vo.. der

Bundestagsprotokolle 3. Wahlperiode, 20. Sitzung Bonn, Sonnabend, den 22. März 1958

Aus der Rede des Abgeordneten Helmut Schmidt, Hamburg:

Schmidt (Hamburg)(SPD): Wenn es überhaupt um vergangene Jahre ginge, meine Damen und Herren, und über das, was dieses Haus und diese Regierung in den vergangenen Jahren getan und unterlassen haben, dann doch nur um die Aufzeigung jenes geradlinigen Weges, der auf dem Petersberg begann, als der Kanzler hinter dem Rücken von Kabinett und Parlament die deutsche Aufrüstung anbot, der dann zum Eintritt in die NATO führte. Die weiteren Stufen waren das Freiwilligenheer, die Wehrpflicht, und die letzte Stufe jetzt sind die Atomwaffen. Wir fragen uns: Was wird am Ende dieses Weges stehen?
(Sehr wahr! bei der SPD. — Abg. Ritzel: Nichts mehr! — Abg. Eschmann: Dann bleibt nur noch ein Nichts!)

Wenn man die Haltung der CDU/CSU-Fraktion in den letzten drei Tagen betrachtet, die diesen verhängnisvollen weiteren Schritt tun will, dann sollte doch ausdrücklich festgehalten werden, daß der Kanzler gestern so einfach, wie es ihm gemäß ist — und er rühmt sich ja dessen —, klar und deutlich gesagt hat: Die militärische Sicherheit der Bundesrepublik ist das erste Ziel, und dann erst kann man sich um die Wiedervereinigung bemühen (...)
Meine Damen und Herren, ich bleibe bei der Primitivität der Antworten, die der Kanzler gegeben hat, als ihm vorgestern der Herr Mende in der Begründung der Großen Anfrage eine Reihe von Fragen stellte und der Kollege Döring später insistierte. Der Kanzler hat bisher keine beantwortet. Er hat zwar schon dreimal in dieser Debatte das Wort genommen, aber Fragen hat er nicht beantwortet. Er hat en passant gesagt: Man kann die Fragen ja aus dem Protokoll herauslesen und später schriftlich beantworten.
Als der Kollege Erler den Kanzler auf diametrale Widersprüche in seinen Prophezeiungen über den Schlachtfeldcharakter Deutschlands aufmerksam machte, da behauptete Dr. Adenauer, er sei falsch informiert, man könne es ja im Protokoll überprüfen. Als dann aber am nächsten Tage mein Kollege Wehner hier heraufgeht, das Protokoll vorliest und sich tatsächlich ergibt, daß Herr Erler recht hatte und daß der Kanzler tatsächlich das eine Mal gesagt hat: Wenn wir in der NATO sind, dann sind wir im Falle eines Krieges zwischen USA und Rußland nicht das Schlachtfeld, und das andere Mal gesagt hat: Wenn es einen Krieg gibt, dann sind wir in jedem Falle Schlachtfeld, und sogar noch hinzufügte: Ob bewaffnet oder nicht, wenn also dieser Widerspruch nicht mehr bestreitbar ist, dann gibt sich auch der Kanzler einfach und primitiv gar keine Mühe mehr, ihn abzustreiten.
(...)

Und bei all diesen Ungereimtheiten ständig stereotyp der Beifall von 251 Abgeordneten der CDU/CSU-Fraktion!
(Beifall bei der SPD. — Abg. Majonica: Sie haben aber sehr geübt! — Abg. Dr. Hellwig: Wer hat denn die größte Claque hier. — Weitere Zurufe von der Mitte.)

Herr Dr. Hellwig, Sie sind gestern von Herrn Döring so ausgezeichnet bedient worden — ich will es gar nicht besser machen; ich beziehe mich auf ihn.
(Beifall und große Heiterkeit bei der SPD.)

Und wenn dann der Kollege Erler angesichts dieser psychologischen Massenbeifallsreaktionen in der Fraktion sagt, er fühle sich an eine Situation im Jahre 1943 im Sportpalast zu Berlin erinnert, dann gibt der verehrte Kollege Bausch das Zeichen zum Ausmarsch, und 247 CDU/CSU-Kollegen schließen sich ihm an.
(Abg. Dr. Kliesing: Das stimmt nicht)

Ausgerechent jener Herr Bausch, der heute vor genau 25 Jahren, am 23. März 1933, gemeinsam mit manchen anderen und gemeinsam mit allen politischen Ahnherren dieser Adenauer-Koalition dem Ermächtigungsgesetz für Adolf Hitler zugestimmt hat.
(Stürmischer Beifall bei der SPD. — Abg. Dr. Jaeger: Reinhold Maier! — Abg. Dr. Kliesing: Herr Schmidt, hören Sie: psychologische Massen da drüben! — Abg. Dr. Jaeger: Sind das keine psychologischen Massen?)

Zu dem Zeitpunkt, als die politischen Ahnherren dieser gegenwärtigen Regierung dem Ermächtigungsgesetz für den Herrn Hitler zustimmten,
(Zuruf von der Mitte: Damals gehörte Herr Grotewohl zur SPD! — Abg. Dr. Hellwig: Sie haben die Ahnengemeinschaft mit der SED, Herr Schmidt! — Zuruf von der Mitte: Grotewohl ist Ihr Exponent!)

zu jenem Zeitpunkt, meine Damen und Herren, war Herr Döring und da waren ich und viele andere, die heute an den Lautsprechern oder hier auf der Tribüne sitzen, vierzehn Jahre alt.
(Abg. Dr. Hellwig: Sie sprechen von Ahnherren, Herr Schmidt! Wer waren denn Ihre Ahnherren?)

— Wir waren vierzehn Jahre alt und waren Schulbuben.
Ihre Zustimmung zu dem Ermächtigungsgesetz hat uns wie viele Millionen anderer später auf die Schlachtfelder Europas geführt
(Zustimmung bei derSPD)

und in die Keller unserer Städte. Millionen in die KZ und deren Todeskammern.
(Abg. Wehner: Sehr wahr!)

Dieses Ermächtigungsgesetz, meine Damen und Herren, hat uns Schuljungs dem raffinierten psychologischen System des „Dritten Reichs“ ausgeliefert, und wir haben einige Zeit gebraucht, um uns aus dieser geistigen Umklammerung unserer jungen Unmündigkeit zu befreien.
(Zurufe)

Die einen haben diese geistige Befreiung schneller erreicht, die anderen haben sich erst auf den Schlachtfeldern aus der psychologischen Klammer des Nationalsozialismus befreien können; haben sich diese Befreiung dort sehr schmerzhaft erworben.
(Sehr wahr! bei der SPD.)

Manche allerdings, so z.B. der Herr Abgeordnete Schneider (Bremerhaven) leider auch dort nicht,
(Sehr wahr! bei der SPD. — Abg. Dr. Kliesing: Und Herr Döring und Sie persönlich?)

obwohl Herr Schneider sicher ein tapferer und wahrscheinlich auch ein schneidiger Soldat gewesen ist. Aber für die Politik, Herr Schneider, genügt es nicht, ein schneidiger Soldat zu sein.
(Abg. Dr. Jaeger: Sehr richtig! — Abg. Dr. Kliesing: Herr Schmidt, Sie selbst haben sich ja noch nicht davon befreit!)

Wenn damals, Herr Kliesing, der Herr Krone, der neben Ihnen sitzt, und Ihre übrigen politischen Ahnen, wenn Sie schon 1933, 1934 und 1935, Sie, die Sie damals die Älteren waren, wenn Sie alle uns, der damaligen Jugend, ein überzeugendes Beispiel gegeben hätten, wenn es nicht ausschließlich die damalige Sozialdemokratie gewesen wäre, die es wagte, den braunen Machthabern zu widersprechen — —
(Lachen und Unruhe in der Mitte. — Abg. Schmücker: Haben Sie denn niemals etwas vom Widerstand der Kirchen gehört? — Abg. Dr. Kliesing: Damit beleidigen Sie uns persönlich! — Zurufe von der Mitte: Unerhört! — Das ist nicht wahr!)

— Ich spreche immer noch von der Reichstagssitzung vom 23. März.
(Glocke des Präsidenten)

Meine Damen und Herren, Sie werden es nicht abstreiten können, daß die einzige Rede, die sich klar und eindeutig absetzt, die von Otto Wels gewesen ist.
(Zustimmung bei der SPD. — Zuruf von der Mitte: Sie hatten die Polizei!)

Eine mutige Rede, fürwahr! Und ich hoffe, wir werden uns dieser Tradition in jenem Augenblick würdig erweisen, wir Sozialdemokraten von heute, wo eine ähnliche Situation erneut entstehen könnte.
(Lebhafter Beifall bei der SPD.)

Wir sagen dem deutschen Volke in voller, ernster Überzeugung, daß der Entschluß, die beiden Teile unseres Vaterlandes mit atomaren Bomben gegeneinander zu bewaffnen, in der Geschichte einmal als genauso schwerwiegend und verhängnisvoll angesehen werden wird, wie es damals das Ermächtigungsgesetz für Hitler war.
(Beifall bei der SPD. — Abg. Dr. Seffrin: Das war der Gipfel der Unlogik!)

Nun werden Sie sagen: Sie können uns Christdemokraten doch nicht unterstellen, daß wir den Atomtod wollen!
(Abg. Dr. Jaeger: Sehr richtig!)

Nein, wir unterstellen Ihnen das nicht.
(Abg. Dr. Dollinger: „Wir sagen's nur"!)

Wir unterstellen beileibe auch nicht dem Herrn Bausch und den anderen, die damals dem Ermächtigungsgesetz zugestimmt haben, daß sie Auschwitz oder Oradour gewollt hätten oder Stalingrad oder Dresden. Nein, das unterstellen wir nicht.
(Zuruf von der CDU/CSU: Das ist aber schön!)

Aber diese Kollegen werden zugeben müssen, daß die Bedenken, die sie damals in sich überwunden haben, als sie jenem Ermächtigungsgesetz zustimmten, zum Teil sehr schwere Bedenken, die sie in sich überwunden haben,
(Zuruf von der Mitte: Mit wem unterhalten Sie sich eigentlich?)

daß sie mit der Überwindung dieser Bedenken und der Zustimmung zu jenem Gesetz einen sehr wesentlichen Schritt, einen verhängnisvollen Schritt auf dem Wege des Dritten Reichs mitgemacht haben.
(Sehr gut! bei der SPD.)

Auch heute werden wieder bramarbasierende Reden gehalten, auch heute wollen Sie wieder einer höchst bedenklichen Sache zustimmen, sogar unter begeistertem Beifall zustimmen.
(Abg. Majonica: Das ist unerhört, Herr Schmidt! — Gegenruf von der SPD: Genau die Wahrheit!)

— Herr Majonica, auch heute ist es nur ein Schritt auf einem Wege, aber auch heute ist es ein wesentlicher und ein verhängnisvoller Schritt.
Wenn ich die Reden des Herrn Bundesverteidigungsministers richtig verstanden habe, dann läßt sich Ihre Fraktion dabei von der satanischen Weisheit des klassischen Imperialismus leiten, von dem Satze, der da heißt: Si vis pacem, para bellum. Sie drücken das so aus, daß Sie sagen: Wenn wir den Frieden erhalten wollen, dann müssen wir uns auf den atomaren Krieg vorbereiten, dann müssen wir durch eigene atomare Rüstung — —
(Lebhafter Widerspruch in der Mitte. — Zuruf von der Mitte: Das ist eine ganz üble Verdrehung! — Gegenruf von der SPD: Das stimmt ganz genau!)

— Ich habe genau das wiederholt, was Sie zwei Tage lang ausgeführt haben! Sie haben ausgeführt, Sie wollen den Frieden erhalten dadurch, daß Sie den atomaren Krieg vorbereiten.
(Beifall bei der SPD. — Zuruf von der Mitte: Herr Schmidt, sind Sie so dumm oder ...? — Abg. Dr. Kliesing: Sie verfälschen alles!)

— Herr Dr. Kliesing, ich weiß ganz genau, daß Sie und auch die Frau Weber, die hinter Ihnen sitzt, und auch der Bundeskanzler, der neben Ihnen sitzt, daß sie alle den Krieg nicht wollen. Den hat auch Wilhelm II. nicht gewollt, meine Damen und Herren,
(Zuruf von der Mitte: Sie haben nicht zugehört!)

Aber auch Wilhelm II., jener letzte deutsche Kaiser, war schließlich Gefangener einer Situation, die er durch eigene provokative Rüstung und durch eigene provozierende Reden mit heraufbeschworen hatte.
(Beifall bei der SPD)

So kam es zum ersten Weltkrieg. Keiner hatte ihn gewollt, weder in Deutschland noch in Frankreich, aber alle hatten ihn vorbereitet. Logisch, daß nach so umfassender Vorbereitung er dann auch endlich eintreten mußte.
(Abg. Höfler: Nein, das ist gar nicht logisch.)

Auch gestern und vorgestern ist hier im Stil Wilhelms II. geredet worden.
(Lachen und Widerspruch bei der CDU/CSU.)

In dieser Bundesrepublik wird überhaupt sehr viel im wilhelminischen Stil geredet, meine Damen und Herren.
(Sehr wahr! und Beifall bei der SPD. — Zurufe von der CDU/CSU.)

Damals sprach man vom „Erbfeind Frankreich". Unser heutiger Bundeskanzler spricht vom „Todfeind Rußland".
(Zuruf rechts: Wo?)

Wo? Im Gürzenich zu Köln; haben Sie das schon vergessen?
(Fortgesetzte Zurufe von der Mitte. — Unruhe.)

Damals sprach Wilhelm II. von der „Gelben Gefahr". Unser heutiger Verteidigungsminister sagt, er kenne nur noch den „Fall Rot" (...)

Frankfurter Allgemeine

ZEITUNG FÜR DEUTSCHLAND

S-Ausgabe / Mittwoch, 26. März 1958 — Herausgegeben von Hans Baumgarten, Erich Dombrowski, Karl Korn, Erich Welter — Preis: 30 Pfennig / Nr. 72

Atomar aufrüsten bis zur Abrüstung

Eine Entschließung des Bundestags / Die viertägige außenpolitische Debatte beendet

BERICHT UNSERER BONNER REDAKTION

R. Bonn, 25. März. Der Bundestag hat am Dienstagabend seine viertägige Debatte über Atomrüstung und Entspannungspolitik beendet. In einer Entschließung der Koalitionsparteien, die um Mitternacht angenommen wurde, wird die Bundesregierung aufgefordert, bis zum Abschluß eines allgemeinen Abrüstungsabkommens die Bundeswehr mit den modernsten Waffen auszurüsten.

Zu Beginn der Sitzung beschloß die Mehrheit, die Debatte auf acht Stunden zu beschränken, damit sie auf jeden Fall am Dienstag zu Ende geführt werde. Die Sozialdemokraten hatten vorgeschlagen, sich auf ein Ende der Debatte am Mittwochabend zu verständigen und wiesen darauf hin, daß bis jetzt vierzehnmal die Regierung und die Koalition, die SPD aber nur sechsmal gesprochen habe. Der Union wurden 257, den Sozialdemokraten 167, den Freien Demokraten 40 und der Deutschen Partei 16 Minuten Redezeit zugestanden.

Die Entschließung hat folgenden Wortlaut: „Der Bundestag wolle beschließen:

1. Der Bundestag ersucht die Bundesregierung, auch weiterhin getreu ihrer grundsätzlichen Auffassung bei allen internationalen Verhandlungen und Konferenzen, an denen sie teilnimmt, oder auf die sie Einfluß hat,

a) für eine allgemeine, kontrollierte Abrüstung sowohl atomarer wie konventioneller Waffen einzutreten,

b) die Bereitschaft zu bekräftigen, daß die Bundesrepublik jedes derartige Abrüstungsabkommen annehmen wird, um dadurch zur Entspannung und zur Lösung internationaler Probleme einschließlich der deutschen Frage beizutragen.

2. Solange der Kommunismus seine weltrevolutionären Ziele weiterverfolgt, die er noch im November 1957 auf der Tagung der kommunistischen und Arbeiterparteien der sozialistischen Länder in Moskau erneut bekräftigt hat, können Friede und Freiheit nur durch eine gemeinsame Verteidigungsanstrengung der freien Welt gesichert werden. Der Bundestag stellt fest, daß die Bundeswehr lediglich der Erhaltung des Friedens und der Verteidigung dient. Darum fordert er die Bundesregierung auf, bis zum Zustandekommen eines allgemeinen Abrüstungsabkommens den Aufbau der deutschen Landesverteidigung im Rahmen der nordatlantischen Verteidigungsgemeinschaft fortzusetzen. In Uebereinstimmung mit den Erfordernissen dieses Verteidigungssystems und angesichts der Aufrüstung des möglichen Gegners müssen die Streitkräfte der Bundesrepublik mit den modernsten Waffen so ausgerüstet werden, daß sie den von der Bundesrepublik übernommenen Verpflichtungen im Rahmen der Nato zu genügen vermögen und den notwendigen Beitrag zur Sicherung des Friedens wirksam leisten können.

3. Das ganze deutsche Volk diesseits und jenseits der Zonengrenze erwartet, daß auf der kommenden Gipfelkonferenz die deutsche Frage erörtert und einer Lösung nähergebracht wird. Der Bundestag ersucht die Bundesregierung, sich dafür mit allen Kräften einzusetzen.

4. Der Bundestag wiederholt seine Ueberzeugung, daß freie Wahlen die Grundlage der deutschen Wiedervereinigung bilden müssen. Er lehnt mit Entschiedenheit ab:

a) den Abschluß eines Friedensvertrages für zwei deutsche Staaten,

b) Verhandlungen mit den Vertretern des derzeitigen Zonen-Regimes,

c) den Abschluß einer Konföderation mit diesem Regime.

5. Der Bundestag bekräftigt seine Ueberzeugung, daß die Wiedervereinigung Deutschlands in Verbindung mit einer europäischen Sicherheitsordnung die dringlichste Aufgabe der deutschen Politik ist."

Der Abgeordnete Gerstenmaier faßte den entscheidenden Punkt dieser Entschließung in dem Satz zusammen: „Ob die Bundeswehr atomar gerüstet wird oder ob sie bis auf einen Bundesgrenzschutz abgerüstet wird, entscheidet Moskau." Generalbedingung für die atomare Ausrüstung sei das Scheitern der Abrüstungsverhandlungen. Er wies aber auch auf die Frist bis zum Herbst 1959 hin, die für die atomare Rüstung notwendig sei, und sagte deutlich: „Es wird keine atomare Rüstung der Bundeswehr geben, wenn es in diesen achtzehn Monaten zu einer echten Abrüstung kommt."

Von den Russen verstümmelt

Die Opposition hörte aber sehr aufmerksam zu, als Gerstenmaier vor dem Bundestag seine eigenen Vorschläge nochmals erläuterte. Die vier Mächte sollten sich über den militärischen und politischen Status Gesamtdeutschlands unterhalten. Gerstenmaier unterließ nicht den Hinweis, daß dieser Gedanke schon früher bei den Sozialdemokraten erörtert worden sei. Er hielt dabei eine verdünnte militärische Zone vom Rhein bis zum Bug für möglich und nannte eine Einigung von West und Ost über diese Fragen die Grundlage für die Wiedervereinigung, die dann mit freien Wahlen beginnen müsse.

Sehr nachdrücklich hob er hervor, daß Bulganin seinen — Gerstenmaiers — Friedensvertragsvorschlag durch die Ausklammerung der Wiedervereinigungsverhandlung „schrecklich verstümmelt habe", und sein Hinweis, daß Chruschtschow offenkundig am „Pankower Vetorecht" in der deutschen Frage festhalte, bestimmte ihn, es ein „erbärmliches" Gerede zu nennen, wenn jemand erkläre, wenn wir nur wollten, hätten wir die Wiedervereinigung. Aber er schied sich auch deutlich von sozialdemokratischen Vorstellungen durch die Erklärung, daß allein die Nato uns bisher einen Schutzschild gegeben habe und daß wir in der Nato bleiben müßten, bis ein anderes System Gesamtdeutschland mindestens so viel Sicherheit gebe wie die Nato.

An dieser Stelle kam es wieder zu einem Disput zwischen Koalition und Opposition, ob, wie Heinemann (SPD) sagte, die Ablehnung atomarer Rüstung nicht auch den Austritt aus der Nato bedeute oder ob, wie Gerstenmaier darlegte, ein militärischer Sonderstatus für die Bundesrepublik auch zur politischen Ausgliederung aus der Bündnisgemeinschaft führen werde. Heinemann sagte, „niemand fordert derzeit ein Ausscheiden aus der Nato", aber Gerstenmaier wandte sich gegen die Auffassung, daß andere zu unserem Schutze tun sollten, was wir selbst nicht tun wollten.

Heinemann bekannte sich zu einem bewaffneten Gleichgewicht der Bundesrepublik gegenüber der Volksarmee durch eine Bundeswehr aus Freiwilligen und ohne atomare Waffen. Er bestritt die Behauptung, die Alternative zur atomaren Rüstung sei die Waffenlosigkeit. Auch die Sozialdemokraten wollten Sicherheit, aber eine andere und eine bessere als die durch atomare Rüstung. Damit billigte zum erstenmal in dieser Debatte ein Sprecher der sozialdemokratischen Opposition ein Freiwilligenheer in der Stärke der Volksarmee, wenn er auch vermied, es ganz deutlich als Programm seiner Fraktion zu verkünden.

Gerstenmaier wünschte den direkten Kontakt mit Moskau mehr zu pflegen, lehnte aber Verhandlungen mit Pankow ab; Heinemann dagegen hielt Verhandlungen über Verkehrsfragen und politische Amnestien für nützlich. Er sprach aber sehr zurückhaltend und begründete die Bezeichnung der Sowjetzone als „DDR" mit dem Sprachgebrauch der gesamtdeutschen Synode. (Fortsetzung auf Seite 3.)

Die Entschließung

J. T. Der Bundestag hat auf Verlangen des Regierungslagers diese außenpolitische Debatte, die uns alle vier Tage in Atem gehalten hat und die der öffentlichen Meinung des Landes so bald noch keine Ruhe lassen wird, abgekürzt. An ihrem Ende steht die von den Koalitionsparteien eingebrachte Entschließung, die die Entscheidung des Kanzlers, die Bundeswehr mit Atomwaffen auszurüsten, billigt und als eine der fundamentalen Tatsachen der deutschen Politik mit dem Brief und Siegel der gesetzgebenden Körperschaft, des auch zu solchen tiefgreifenden Entschlüssen allein und ausschließlich legitimierten Bundestages, versieht.

Eugen Gerstenmaier, der seine — nicht in jeder Nuance mit der Meinung des Kanzlers übereinstimmenden — Auffassungen mit Mut und Intelligenz vertrat, hat freilich und durchaus zu Recht auf der „Generalkondition" bestanden, daß mit der atomaren Bewaffnung erst Ernst gemacht werde, wenn die Gipfelkonferenz uns um keinen konkreten Schritt einer allgemeinen und kontrollierten Abrüstung näherbringe.

Bei der Sowjetregierung liegt es, dazu beizutragen, daß nicht Wirklichkeit werde, was die Mehrheit des Bundestages jetzt beschlossen hat. Auch insofern gilt, was Gerstenmaier gesagt hat, daß nämlich deutsche Politik in diesem Zeitalter der zwei Weltmächte eine Funktion der Weltpolitik geworden ist. Darf man die Hoffnung hegen, daß sich in absehbarer Zeit aus dem bisher fruchtlosen Abrüstungsgerede der Ausweg in eine erste handfeste Abrüstungsabrede finden lassen wird? Merkwürdigerweise haben sich in dieser Frage die Fronten verkehrt. Politiker, die vor gar nicht langer Zeit die Regierung beschworen, sie möge warten, weil eine allgemeine Abrüstung vor der Tür stehe, neigen heute dazu, schlankweg zu behaupten, es gäbe überhaupt keine Chance einer solchen allgemeinen und kontrollierten Abrüstung. Wer von einer solchen Hoffnung spreche, spiegele dem Publikum etwas vor.

Solcher Zweckoptimismus und Zweckpessimismus scheint uns bei der Beurteilung einer so komplexen und heiklen Angelegenheit gleichermaßen unangebracht. Eine Portion nüchterner Skepsis ist hier geboten. Hoffnungslosigkeit aber wäre das Ende aller Politik. Man kann hier an Heinemanns Erinnerung an Bismarck — die positive Erinnerung eines Sozialdemokraten an den Urheber des Sozialistengesetzes, wie wir mit Freuden feststellen — anknüpfen: Die Abrüstung hat viele Pferdefüße. Aber „lieber Freund, die Politik ist nichts anderes als das Studium von Pferdefüßen".

Auf der Sowjetregierung lastet eine große Verantwortung. Es liegt bei ihr viel, darüber zu entscheiden, welchen Lauf die Dinge nehmen werden. Aber keineswegs alles. Sie liefert uns kein billiges Alibi. Unsere eigenen Möglichkeiten sind begrenzt. Aber einiges ist auch in unsere eigenen Hände gegeben; und es stünde uns schlecht an, das aus Aengstlichkeit nicht zu sehen und nicht zu nutzen. Gerstenmaier hat mit Recht darauf gedrungen, daß Bonn an den Beziehungen zu Moskau intensiv arbeite. Der Kanzler hat sich zu diesem Grundsatz wiederholt bekannt. Niemand hierzulande kann sich dessen freuen, daß die Bundeswehr Atomwaffen erhält. Jeder wäre froh, wenn die weltpolitischen Bedingungen so verändert würden, daß die Bundesregierung dieser Konsequenz der gegenwärtigen Lage enthoben wäre.

Die Parlamentarier Europas

Von Martin Wiebel

Nach ihrer ersten dreitägigen Sitzung sind die Abgeordneten des neuen Gemeinsamen Parlaments der drei europäischen Gemeinschaften in ihre Heimatländer zurückgekehrt. In den nächsten Wochen und Monaten nehmen dreizehn Ausschüsse die Arbeit auf. Bei ihnen liegt, wie bei allen nationalen Parlamenten, die Hauptlast der Beratungen und Beschlüsse, mit denen die Versammlung nach den Regeln der Gemeinschaftsverträge an deren Funktionieren beteiligt ist. Wie im ständigen, zur politischen Kontrolle der Behörden bestellten Parlaments schwer vereinbar. Dem Gemeinsamen Markt fließen erst in ferner Zukunft eigene Einnahmen aus Zöllen zu, die der gemeinsame Außenzolltarif der sechs Länder erbringt. Bei Euratom erwägt man die Erhebung einer Umlage auf die mit Atomenergie befaßten Unternehmen. Auch bei der gegenüber dem Montanparlament neuen Funktion der Beratung sind der Versammlung Grenzen gezogen.

Telegraf   Nr. 72/13 - Seite 7

Tauziehen um Atomwaffen

Dr. Heinemann (SPD) warnt vor Massenvernichtungsmitteln für die Bundeswehr

Dr. Gerstenmaier (CDU): Nukleare Ausrüstung unvermeidlich

Bonn (UP/dpa)

Nach zweieinhalbtägiger Pause setzte der Bundestag am Dienstagvormittag seine große außenpolitische Debatte fort. In seiner mit Spannung erwarteten Rede appellierte der SPD-Abgeordnete Dr. Heinemann an die Bundesregierung, aus christlicher Verantwortung auf die atomare Bewaffnung der Bundeswehr zu verzichten. Unter dem Beifall des Hauses rief er aus: „Massenvernichtungsmittel schützen uns ohnehin nicht. Wir wären besser geschützt, wenn der Atomwettlauf zum Stehen kommt."

Auf den Einwand der Regierungskoalition, die atomare Bewaffnung diene als Abschreckung gegenüber dem bolschewistischen System, fragte Dr. Heinemann die CDU/CSU: „Können Sie es verantworten, daß unser aller Selbstmord als Alternative zu einem politischen System ins Auge gefaßt wird?"

Der Redner warnte vor einem blinden „Antikommunismus", der schon einmal das deutsche Volk in Verbrechen und Verderben geführt habe. Man solle nicht an die Stelle einer früheren Erbfeindschaft gegen Frankreich eine solche gegen die Sowjetunion setzen. Es sei notwendig, den Stromkreis der Angst zu unterbrechen und um des Friedens willen von einer atomaren Bewaffnung abzusehen.

Der Redner betonte, niemand fordere das Ausscheiden der Bundesrepublik aus der NATO. Die Alternative sei nicht „atomare Bewaffnung der Bundeswehr oder die Schwächung der NATO", denn im NATO-Vertrag sei eine solche Aufrüstung nicht vorgesehen. „Ich bejahe eine Bundeswehr ohne Wehrzwang und ohne Atomwaffen", erklärte Dr. Heinemann.

Hoffnung auf Gipfelkonferenz

Dann untersuchte der SPD-Abgeordnete die Möglichkeiten, mit der Sowjetzone zu verhandeln und stellte die Frage, ob die Differenzen zwischen dem westlichen und dem östlichen Teil Deutschlands nur „eine gemeinsame Beerdigung" erlaubten. „Es gibt eine Fülle von menschlichen Dingen, die anzufassen Sie bisher nicht unternommen haben", rief Dr. Heinemann unter dem Beifall der Opposition der CDU/CSU zu. Zum Beispiel wäre es vielleicht zweckmäßig, aus dem Bundesverkehrsminister statt eines politischen Ministers einen technischen Generaldirektor zu machen. Minister Seebohm habe das selbst angeregt.

Heinemann setzte sich auch für eine politische Amnestie in der Bundesrepublik ein. Eine Bestrafung von KP-Funktionären für ihre Tätigkeit vor dem Verbot der Kommunistischen Partei bedeute nur, daß drüben die Gegenrechnung präsentiert wird.

Kein einseitiger Verzicht

Als nächster Redner kennzeichnete Bundestagspräsident Dr. Gerstenmaier (CDU) die heutige Situation mit drei Fragen, über die Moskau entscheide:

1. Soll auf der ganzen Linie eine allgemeine kontrollierte Abrüstung stattfinden oder soll die nukleare Aufrüstung weitergehen?

2. Ist eine atomwaffenfreie Zone oder verdünnte Zone oder eine Sicherheitssystem möglich?

3. Muß die Bundeswehr mit atomaren Waffen ausgerüstet werden oder kann bis auf den Bundesgrenzschutz abgerüstet werden?

Eine atomare Ausrüstung der Bundeswehr sei unvermeidlich, wenn befriedigende Abrüstungsvereinbarungen nicht zustande kommen, betonte Dr. Gerstenmaier. Schon im Mai 1957 habe die Bundesregierung darauf aufmerksam gemacht. „Heute steht die Sache nicht anders." Auf keinen Fall werde die Bundeswehr atomar ausgerüstet werden, wenn es auf einer Gipfelkonferenz – hoffentlich noch in diesem Jahr – zu befriedigenden Vereinbarungen über eine kontrollierte Abrüstung komme.

Gespräch mit der Sowjetzone?

Eindringlich warnte Gerstenmaier vor einseitigen Verzichtforderungen. Ein militärisches Sonderstatut für die Bundeswehr in der NATO führe zu einem militärischen Ausscheiden der Bundeswehr und hätte auch die politische Ausgliederung der Bundesrepublik aus dem Schutzsystem des Westens unvermeidlich zur Folge. Daher müsse die Bundesrepublik in der NATO bleiben, „mit allen Konsequenzen", bis ein Friedensvertrag für ein wiedervereinigtes freiheitliches Deutschland vollzogen ist.

Gerstenmaier griff eine Ankündigung Dr. Heinemanns auf, daß das Bundesverfassungsgericht über die Rechtmäßigkeit einer atomaren Bewaffnung der Bundeswehr entscheiden solle. „Dieser Entscheidung sehen wir mit größter Aufmerksamkeit entgegen", sagte der Bundestagspräsident. Das Gericht werde klären müssen, welche Maßnahmen es für die Erhaltung der obersten Werte eines freien deutschen Volkes als vertretbar erachte. Andererseits müsse das Gericht befragt werden, ob es das Recht eines freiheitlichen Volkes sei, seine Bürger und ihre Freiheit mit allen Mitteln zu schützen.

„Telegraf", 26. 3. 1958

Wie sind Sie denn selbst zu Ihrem engagiert pazifistischen Bild gekommen?

Das hat sich entwickelt zwischen 33 und 37, als ich merkte, daß der Nationalsozialismus die Wehrmacht benutzte, um seine Briketts nach Hause zu bringen. Ich war schon ein nationaler Pazifist in den ersten Jahren der nationalsozialistischen Herrschaft. Daß ich mit der aneinandergeriet, hatte einfach einen christlichen Hinter- und Untergrund und hat es immer mehr bekommen. Seit ich weiß, daß Glaube heißt: Jesus von Nazareth, seitdem kann ich mir nicht mehr vorstellen, daß ich in der Nachfolge Jesu in einer kriegerischen Armee als Soldat, Knarre über den Buckel, mitmarschieren kann. Ich glaube nicht, daß er da auch mitmarschieren würde. Und es hat zu meiner Anschauung von christlichem Glauben und Christentum nicht mehr hingepaßt, und dann hab ich das über Bord geschmissen ...

D. Schmidt: Dürfen wir nochmal zur heutigen Friedensbewegung kommen, woran uns im Moment besonders viel liegt. Die Jungen von heute, die marschieren zu 100.000 in Bonn im Hofgarten und wo auch immer ...

Ja, das weiß ich, und ich hab ja diese erste Sache mitgemacht.

Sie haben auch den Krefelder Appell mit ins Leben gerufen ...

Ja ..., und ich habe ja den ersten Ostermarsch mitgemacht in England. Die Engländer haben mich da rein gebracht. Die englische Friedensbewegung und englische Friedensgesellschaft, könnte man sagen. Der erste Ostermarsch 1958, schauerliches Wetter, kalt, Regen. Am Karfreitag war der Zug vom Londoner Trafalgar Square gestartet. Am zweiten Ostertag erreichte er das Ziel, die Atomfabrik Aldermaston ...

Da bin ich mitmarschiert, so neben den Kinderwagen, da war ja jeden Tag ein anderes Publikum in diesem Marsch, und vor allen Dingen waren da Frauen und Mütter, die marschierten. Und dann sind wir singend, ich weiß nicht, was die alles gesungen haben, so die letzten 10 km nach Aldermaston hin marschiert. Und dann schneite es und regnete es und windig wars und ich weiß nicht was, und beschmissen wurden wir mit Apfelsinen und faulen Eiern und was weiß ich, und

Ostern 1958 findet in England der erste Ostermarsch statt.

kamen ziemlich erledigt in Aldermaston an. Ich war da noch nie gewesen. Da war rechts von unserer Chaussee, auf der wir marschierten, da war diese Versuchsfabrik für die Nuklear-Forschung, die lag da rechts und war abgeschirmt, da konnte man nicht ran und rein. Gegenüber, da waren Wiesen, aber da sank man so bis halb an die Knie in den Matsch ein, da sind wir dann reinmarschiert. Auf einem anderen Weg waren auch Lautsprecherwagen von den Engländern hingestellt, da war die Leitung von dieser ganzen Geschichte, und das waren auch wieder meistenteils Frauen. Und da hab ich mich dann zur Stelle gemeldet und wurde auch gleich eingeteilt als Redner. Ich kriegte, glaube ich, die Schlußansprache. Und die Leute kamen und kamen und kamen, und da waren dann an die 3.000 Menschen auf dieser Wiese.

D. Schmidt: Du warst der Meinung oder bist der Meinung, daß mit diesen Märschen und mit diesen Aktivitäten doch etwas zu ändern ist, oder?

Ich hab immer dran geglaubt und habe immer gesagt, die Abkehr vom Krieg und das Nein zu der Atombombe, zu Atombomben und solchem Unfug, das muß von unten kommen. Und darum habe ich dann von diesem Aldermaston-Marsch auch den Plan mitgebracht, wir machen so was auch in Deutschland, und nach zwei Jahren haben wir dann hier mit unseren Ostermärschen angefangen.

Wir wollen nochmal zurück. Wie war das damals? Sie haben sich doch mit Ihrer Meinung, sich gegen die Remilitarisierung zu entscheiden, außerhalb der Mehrheitsmeinung der herschenden Kirche gestellt.

Als wir nach dem letzten Krieg mit der Deutschen Friedensgesellschaft und dann mit den Kriegsdienstverweigerern und mit dem Versöhnungsbund und so was wieder anfingen, das wurde ja alles von den offiziellen Kirchen abgelehnt. Wir, die Friedensbewegung, haben keinen Pfennig von der Kirche bekommen.

Es waren doch damals Sozialdemokraten, Kommunisten, einfach engagierte Menschen, Christen, die diese Bewegung ins Leben gerufen hatten. Das waren doch auch Leute, die nicht aus christlichen Motiven, sondern die auch aus politischen Motiven gehandelt haben, die die Remilitarisierung als politische Gefahr gesehen haben und nicht nur als moralische Gefahr?

Eben, eben, als eine Gefahr für die Menschheit. Als ein Gebot, du sollst deinen Nächsten lieben an deiner eigenen Stelle, nicht dich selber lieben, sondern Gott macht dich als sein Kind ja dazu frei, daß du nicht an deine Existenz zu denken brauchst, sondern dich ganz für den Dienst an deinen Mitmenschen einsetzt und darin Erfüllung deines Lebens findest und die Selbstverwirklichung, nämlich als Kind Gottes und als Sohn Gottes, wie es im Text der Bergpredigt heißt.

Aber wie haben Sie denn da Ihren eigenen Platz gefunden neben den anderen, die politische Motive gehabt haben in der Friedensbewegung?

Ich brauche den Platz ja nicht, ich hab ihn ja. Als glaubender Christ brauch ich mich ja um mich gar nicht zu kümmern, bin ja bei Gott und von Gott aufgehoben. Ich bin vollkommen

frei, mich um die anderen zu kümmern und wüßte nicht, wo ich mich noch um mich selber zu kümmern hätte. Vielleicht, daß das Ei rechtzeitig auf den Tisch kommt oder solche Geschichten, aber das ist keine Lebenserfüllung.

Aber ist das denn auch so von den anderen, von den politischen Kräften so akzeptiert worden, diese Haltung? Haben die Sie verstanden auch in Ihrem Friedensbemühen?

Nein, die können meinen Dienst erst verstehen, wenn ihnen der Heilige Geist das deutet. Und den Heiligen Geist, den kann ich ihnen vorleben, aber ich kann ihnen ja nicht bezeugen, was der Heilige Geist ist.

D. Schmidt: Ja, ich glaube, so ist auch ein so merkwürdiges Wort zu verstehen, was Wehner mal in einem bestimmten Zusammen-

hang über Dich gesagt hat. Er hat gesagt, der Pastor Niemöller ist ein politischer Niemand. Ich finde, er hat Dich sehr gut erkannt, Du willst ja auch kein politischer Jemand sein. Ist das richtig interpretiert?

Ich glaube, wenn ich als Christ ernst genommen werde, mit dem, was mich bewegt für meinen Mitmenschen, daß sich damit die Politik selbst beantwortet.

Was war das damals für ein Klima in der neuen Bundesrepublik, die wirklich diese massiven Aktionen, Ostermärsche, dieses engagierte Eintreten für den Frieden notwendig machte?

Es war die Frage: Sind wir nicht auf dem besten Weg, wieder in einen Krieg rein zu geraten. Und die Frage hat ja Adenauer lebendig gemacht mit dem Eintritt und mit dem Puschen in der Richtung auf Mitgliedschaft in der Nato.

Wie war das denn überhaupt möglich, daß die Bevölkerung oder große Teile nach einem so schlimmen Krieg es wieder akzeptiert haben, daß es eine Wiederbewaffnung geben sollte. Das ist doch nicht der Adenauer alleine gewesen?

Das ist nicht Adenauer allein gewesen, sondern das war, ich würde sagen, das war die CDU. Und in der Kirche war es die alte kirchliche Bürokratie, die sich von 33 her wieder berappelt hatte und die allein übrig geblieben war zu Haus mit den alten Mäxen, als der zweite Krieg losging. Und dann gab es natürlich eine alte militärische Clique, die Wert darauf legte, daß es wieder eine Armee gab, wieder Streitkräfte gab.

Die Bundeswehr konnte aber nur durchgesetzt werden mit der angeblich drohenden kommunistischen Gefahr. Haben Sie selbst an diese Gefahr geglaubt, oder glauben Sie an diese Gefahr?

Ich habe nie an die kommunistische Gefahr geglaubt, und meine erste Reise nach Moskau hat ja bei mir schon die Frage sehr erheblich in den Vordergund gebracht. Und darum ist es ja auch immer wieder gegangen: Ist der Niemöller eigentlich ein Kommunist, und will die Friedensbewegung eigentlich die Geschäfte Moskaus betreiben? Ich will weder die Geschäfte Moskaus betreiben, sondern ich bin ein Deutscher. Und ich möchte allerdings — und dafür habe ich unter Adenauer mir viel Unwillen und Feindschaft zugezogen —, daß ich das Zusammenbleiben der beiden Deutschlands, die getrennt wurden, daß ich dafür die Tür offenhalten und jedenfalls nicht zugesperrt sehen wollte. Das ist die Geschichte, und ich hab nie daran geglaubt, daß Adenauer Deutschland zusammenhalten wollte. Es gab ja zu meiner Zeit damals diese berühmte Redensart, die Adenauer zugeschrieben wurde, nicht wahr: Europa hört an der Elbe auf.

★

Im Ostermarsch der 60er Jahre, da bin ich nochmal richtig lebendig gewesen und habe gedacht, es wäre noch gut, wenn ich meinen Mund aufmachte, und habe entsprechend meinen Mund aufgemacht und weit, weit aufgerissen, und heute tut es mir beinahe leid, daß ich das nicht mehr kann.

Manfred Coppik auf dem Ostermarsch 1984:

Liebe Freunde,
die Ostermärsche haben eine lange Tradition des Einsatzes gegen Aufrüstung, gegen Atomtod. Für diese Tradition steht der Name eines Mannes, der über Jahre hinweg der Schirmherr des hessischen Ostermarsches war, es ist der Name von Martin Niemöller.
Zu dem Ostermarsch vor genau 20 Jahren, 1964, schrieb Martin Niemöller in dem damaligen Aufruf: „Die Ostermärsche gehen weiter und müssen weitergehen, damit es deutlich wird, wir wollen keinen Krieg mehr. Der Krieg ist im Atomzeitalter keine politische Möglichkeit mehr und jeder, der dazu hilft, ihn als Wahnsinn aufzudecken und dies Verbrechen zu verhüten, leistet damit einen Dienst zur Bekämpfung der Unmenschlichkeit und einen Beitrag zur Rettung der Menschheit."
Um diesen Beitrag geht es uns bei den Ostermärschen. Wir schulden den Menschen unseres Volkes Aufklärung und der ganzen Menschheit unseren Dienst, denn es geht ums Leben, ums Weiterleben unserer Kinder und Kindeskinder. Solchen Dienst wollen unsere Ostermärsche leisten, solchen Dienst haben sie geleistet, und wir müssen ihn weiterhin tun, bis es aller Welt klar geworden ist, daß wir nicht mehr gegeneinander, sondern nur noch miteinander existieren können und nur noch füreinander leben.
Unser Freund Martin Niemöller ist am 6. März von uns gegangen, ohne uns in Wahrheit zu verlassen, denn seine Gedanken und Ideen leben in unserer Arbeit, leben in diesem Ostermarsch fort.
Laßt uns an dieser Stelle mit einer Minute des Schweigens unseres Freundes Martin Niemöller gedenken. Wir werden Martin Niemöllers langen Atem erlernen, wir werden in seinem Sinne den längeren Atem haben, als die, die von Tod und Krieg, von Grausamkeit und Unterdrückung nicht ablassen können.
Im Sinne von Martin Niemöller bleiben wir zuversichtlich: Der Menschlichkeit, dem Frieden und der solidarischen Gemeinschaft der Menschen und Völker wird die Zukunft gehören.

Niemöller beim Ostermarsch 1964, Frankfurt:

„Man hat sichs freilich eine ganze Menge kosten lassen, die Bürger unseres Staates von den Ostermärschen fern

zu halten und auf diese Weise unser Streben und Mühen zu lähmen. Und dazu mußte natürlich wieder der Kommunismus als der leibhaftige Teufel und als das abschreckende Gespenst herhalten. Als ob dem Kommunismus mit Atombomben beizukommen wäre.
Nein, das kostet ein bißchen mehr geistiges Mühen, als gewisse Propagandafachleute am Rhein aufzubringen in der Lage zu sein scheinen.
Die Regierungen und Staatsmänner aber, die sollen erst einmal darauf bedacht sein, den Zündstoff zu beseitigen, an dem sich der Krieg mit einem Male entzünden könnte, und die Zündschnüre durchzuschneiden, die ein Wahnsinniger oder ein Verbrecher, nur für die kommt ja noch ein Krieg in Betracht, in Brand setzen könnte."

Bonn 1976

Kaiserslautern 1980

Bonn 1979

Sprechchöre auf dem Ostermarsch 1984:

„... USA, raus aus Nicaragua ...“
„... Frieden schaffen, ohne Waffen ...“
„... Pershing zwo, ab ins Klo ...“

Lied:
„... denn gegen Menschen, Vieh und Wälder steht die Wand aus Feuer himmelan.
Deshalb Menschen achtet und achtet, daß sie es bleibt,
wem denn wäre sie ein Denkmal, wenn sie still die Sonn umkreist.“

Frankfurt 1984

Krefeld 1980

Martin Niemöllers letzte Wiederwahl zum Kirchenpräsidenten war nur noch mit knappster Mehrheit erfolgt.

Niemöller bei seiner Kasseler Rede

Aber Sie haben ja damals auch ganz schön, auch innerhalb der Kirche, damit Gegner provoziert. Das waren ja harte Auseinandersetzungen. Also gerade die Kasseler Rede zum Beispiel, wo dann Herr Strauß glaubte, er müßte Strafanzeige gegen Sie stellen.

Ja, das hat er ja getan.

Also die Kasseler Rede, die hielt ich, mußte sie aus dem Stegreif halten, weil neben mir bei diesem Abend in Kassel vor 1000 Menschen ein Professor aus Münster* gekommen war, der bat mich, ob er zuerst reden dürfte.

Es war Glatteis in der Nacht, er mußte zurück, weil er am nächsten Morgen Vorlesung hatte. Für mich war es egal, wann ich nach Hause kam. Meine Frau war es gewohnt, daß ich Nächte wegblieb. So bin ich dann dageblieben, hörte mir seinen Vortrag an, und da war alles drin, was ich sagen wollte. Und so mußte ich meinen Vortrag ohne Kon-

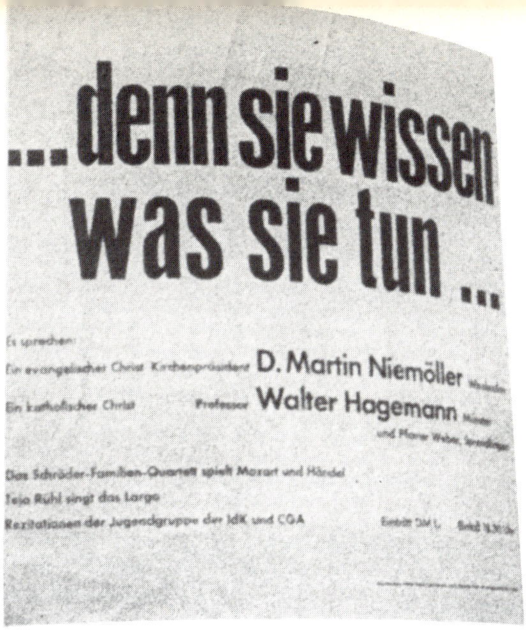

zept aus dem Stegreif halten.

Die Rede ist beachtlich gut geworden. Sie ist auch abgedruckt in der „Stimme der Gemeinde“ von damals:

„Wir haben vorhin von Herrn Hagemann gehört: durch die Bank, ohne Ausnahme, haben die christlich sich nennenden Abgeordneten für die Atomrüstung gestimmt. Sie wissen nicht, was sie tun, das hoffe ich zu Gott. Wissen sie es, dann müßten sie das Wort christlich streichen. Wissen wir, was wir tun, dürfen wir das Wort christlich führen? Das ist die Frage, die aus dieser Mahnstunde mit uns gehen soll.“

Und daraufhin gingen 1000 Menschen schweigend nach Haus. Das war der Beifall von dieser Kasseler Rede.

Herr Strauß wurde abgeschmettert, aber hat es nicht für nötig gehalten, sich zu entschuldigen oder so etwas. Der hat natürlich auch das gekriegt, aber inzwischen hatte schon ein Erlangener Theologieprofessor geäußert:

„Es war am 25. Januar '59, Kirchenpräsident Martin Niemöller sprach in Kassel im Rahmen einer Veranstaltung der ‚Christen gegen den Atomtod‘ und zog gegen die Atomrüstung der Bundeswehr zu Felde. Was Niemöller hier als Predigt ausgab, war in Wirklichkeit eine politische Brandrede, wie man sie in der Bundesrepublik selten hörte. Niemöller machte aus seinem Herzen keine Mördergrube, er sagte, jedes Mittel ist recht, catch as catch can, jedes Mittel, womit man seinen Gegner kleinkriegen kann, kann angewandt werden. Und darum ist heute die Ausbildung zum Soldaten, die Ausbildung der Kommandos im Zweiten Weltkrieg die hohe Schule für Berufsverbrecher. Mütter und Väter sollen wissen, was sie tun, wenn sie ihren Sohn Soldat werden lassen“ — damals wurde man noch mit 21 Jahren mündig, mit 18 Jahren aber wurde man schon eingezogen, also die Eltern waren noch verantwortlich — „sie lassen ihn zum Verbrecher ausbilden.“

Das war also das schärfste wohl, was ich da gesagt habe.

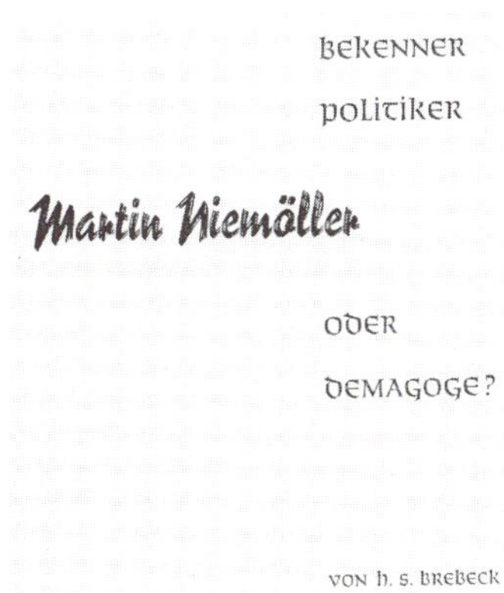

„Martin Niemöller — Bekenner, Politiker oder Demagoge“, das war der Text dieser Broschüre, die auch in hunderttausenden von Exemplaren dann durch die Christenheit in Deutschland ging.

Und was waren Sie dann jetzt? Bekenner? Politiker?

Oder Demagoge? Ich war Demagoge, von H.S. Brebeck.

Was liegt da noch drin?

„Sobald es aber gegen den Kommunismus geht, hört und sieht man nichts von ihnen, obwohl das doch keine Christen, sondern Atheisten sind. Aufgrund dessen fühlen wir Christen uns von ihnen hintergangen und müssen zwangsläufig zu der Überzeugung gelangen, daß alles, was sie tun, und ihre Predigten nur Heuchelei ist ...“

Aber das ist anonym.

Gab's das oft damals, solche anonymen Schimpfbriefe?

Viele, viele, viele, natürlich. Wo diese Broschüre verbreitet wurde, da kamen natürlich die entsprechenden Schimpfkanonaden.

Aus Niemöllers Kasseler Rede

(25. Januar 1959)

Meine Damen und Herren, liebe Freunde!

Denn sie wissen, was sie tun. Das ist das Wort, das über dieser Feierstunde ungeschrieben stehen soll (...) Wissen wir, was wir in dieser Situation tun? Wir, ja, die wir heute abend unter der Marke stehen: „Christen gegen Atomgefahren." Wissen wir wahrhaftig, was wir tun? Wir tun ja gar nichts. Wir geben alle paar Jahre einmal unseren Stimmzettel ab, und vielleicht gehen wir auch noch mal das eine oder andere Mal in eine Versammlung wie die, die am heutigen Abend stattfindet. Und was machen wir dann weiter, und was machen unsere Kinder, unsere heranwachsenden Söhne? Wie geht eigentlich das alles weiter? Oder sind wir wahrhaftig Leute, die gar nichts tun? Schafe, die zur Schlachtbank geführt werden, weil sie sich zur Schlachtbank führen lassen, obgleich sie nicht den Strick um den Hals zu haben brauchten? Der Christ und der Krieg — das ist doch das geheime Thema, das hinter dem allen steht. Wie stehen wir als Christ zu dem Krieg, ja, von dem wir jetzt endlich wissen, wie er im Endeffekt aussieht? (...)

Keine Regierung hat seit 300 Jahren einen ungerechten Krieg geführt. Erst nach dem Kriege wurde testgestellt, daß der Besiegte natürlich im Unrecht gewesen war. — Vor 300 Jahren, da gab es auch noch keinen Wehrzwang. Wir reden von der Wehrpflicht. Über die Wehrpflicht läßt sich streiten, denn das ist ein Problem, wie weit ein Staat das Recht hat, seine Bürger dazu zu zwingen, andere Leute zu töten. Ein echtes Problem! Aber jedenfalls, wir haben nun seit 150 Jahren den Zwang, daß jeder, der dazu nicht bereit ist, nun, wenn's gnädig abgeht, im Frieden ins Gefängnis oder im 3. Reich ins Konzentrationslager oder im Krieg aber an die Wand geschickt und gestellt wird. Und das ist auch eine Frage, die mitspricht bei der Frage, ob wir wissen, was wir tun, und ob wir's wohl wissen wollen, was wir eigentlich tun.

Wenn ich Unrecht tue unter Zwang, dann will ich ja gar nicht wissen, daß ich Unrecht tue, sonst wär's ja nicht auszuhalten. — Hier war die Rede von den gerechten Mitteln, die im Kriege angewandt werden müssen. Nun, wir haben dieser Theorie längst den Abschied gegeben, seitdem der General Ludendorff uns im ersten Weltkrieg den totalen Krieg vordemonstriert und dann aufgenötigt hat; und da sind eben die Mittel total, d.h. jedes Mittel ist recht, catch as catch can. Jedes Mittel, womit man seinen Gegner kleinkriegen kann, kann angewandt werden. Und darum ist heute die Ausbildung zum Soldaten, die Ausbildung der Kommandos im zweiten Weltkrieg, die Hohe Schule für Berufsverbrecher. Mütter und Väter sollen wissen, was sie tun, wenn sie ihren Sohn Soldat werden lassen. Sie lassen ihn zum Verbrecher ausbilden. — Und die Kriegsführung als solche hat sich geändert. Es bedeutete mal der Krieg: Wir wissen nicht, wer in dieser Streitfrage nachgeben müßte, und damit wir das feststellen, stellen wir mal fest, wer der Schwächere ist. Und wenn man festgestellt hatte in einem Feldzug, wer der Schwächere war, dann wurde der Feldzug mit Friedensverhandlungen beendet, und der Schwächere, der Unterlegene, mußte nachgeben (...) Davon ist heutzutage keine Rede mehr. Der Krieg ist ja total geworden, in seiner Zielsetzung. Man will ja gar nicht feststellen, wer der Schwächere ist, sondern man will den, der sich als der Schwächere erweist, umbringen und ausrotten. Es soll ja um die Existenzfrage gehen.

Wenn Amerika und Rußland miteinander Krieg führen würden — sie werden's nicht tun, Gott sei es gedankt —, dann hat der Krieg ja bloß einen Sinn, wenn nach dem Kriege bloß noch die Amerikaner oder bloß noch die Russen da sind, sonst hat der Krieg ja seinen Zweck verfehlt und hat die Koexistenzfrage nicht gelöst, und dann ist nach dem Kriege gar nichts besser, als es vorher war. — Wissen wir, was wir tun, wir Christen, wenn wir uns an der Vorbereitung, an der Rüstung zum Krieg beteiligen, wenn wir heutzutage noch Soldat spielen oder mit uns Soldat spielen lassen? Heute, wo wir wissen: Die kirchliche Lehre ist eine reine Theorie, und die Bücher, in denen sie dargeboten wird, sind nicht mal mehr wert, aufgeschlagen zu werden. Wissen wir, was wir tun? 1914 — ich denke an jene Zeit, ich war damals 22jähriger junger Berufsoffizier, als wir mit Begeisterung damals im August an unser Kriegshandwerk gingen, weil wir noch daran glaubten, daß das höchste Heil und das Letzte im Schwerte läge und daß die Verteidigung des Vaterlandes und die Ehre der Nation es erforderten, daß man sein Leben dafür einsetzte. 1939 war's schon anders. Da war jedenfalls von der Begeisterung, die wir 1914 gekannt hatten, für den Betrachter nicht mehr sehr viel zu merken, oder man mußte

schon nicht begeistert, sondern fanatisiert sein. Immerhin, damals haben sich Christen Gedanken gemacht, liebe Freunde. Es gab eine Bekennende Kirche, die im Jahre 1938 in der Tschechenkrise alle Pfarrer im Lande bat, sie möchten öffentlich sonntags im Gottesdienst doch Fürbitte halten für die Erhaltung des Friedens. Und sie wurden, natürlich wurden sie, und bald wird es wieder bei uns so sein, als potentielle Kriegsverbrecher, nämlich als Landesverräter hingestellt, und die evangelischen Bischöfe sagten sich von den Pastoren, die das machten, feierlich los. Aber dann hat es kaum noch ein Gebet für den Sieg gegeben. Wir stehen nach dem zweiten Weltkrieg und nach dem, was seither bei uns geschehen ist und geschieht, eigentlich alle in der Haltung: Wir können unsere Stimme abgeben bei einer Wahl, weiter können wir gar nichts tun, und im übrigen müssen wir hinnehmen, was kommt. Im Ernstfall kann man sich solch einer Geschichte, auch wenn es Krieg gibt, natürlich nicht entziehen. Wir sind alle die Leidtragenden, und wenn wir gemustert werden, dann müssen wir halt mit, und dann müssen wir, auch wenn es uns nicht gefällt, mit den Wölfen heulen.

Meine Freunde, es ist wohl Zeit für uns Christenmenschen, daß wir uns wecken lassen. Denn im Bezug auf den Krieg haben wir tatsächlich nicht nur während des ersten Weltkrieges und die 300 Jahre vorher, sondern auch noch im zweiten und auch noch jetzt in der Pause, in der wir gerade drinstehen, geschlafen. Wir beruhigen uns und haben unsere Opiate, die Pillen, die wir zu unserer Beruhigung und Einschläferung nehmen. Wir sagen uns: Wir leben in einer Welt der Sünde, wir machen ja den Krieg gar nicht. Aber eines Tages ist er da. Und was soll man dann tun, wenn der Krieg da ist? Dann kann man sich ja dieser Geschichte gar nicht entziehen. Vielleicht sagen wir noch: Jawohl, mitmachen wäre Sünde, aber wäre nichtmitmachen dann nicht eine noch schlimmere Sünde? Und was die Kirche gesagt hat seit 1945, hat ja uns alles nicht viel weitergeholfen. Auch was die evangelischen Kirchen gesagt haben. Etwa auf der Weltkirchenkonferenz von Amsterdam im Jahre 1948: „Krieg ist gegen den Willen Gottes." Nun ja, das ist viel gesagt und ist gar nichts gesagt. Mord ist auch gegen den Willen Gottes. Aber damit, daß ich das feststelle und Morde nicht verhindere, habe ich eben noch gar nichts getan. — Oder Eisenach im Jahre 1948, als die Evangelische Kirche in Deutschland zum ersten

Male wieder zusammenkam mit ihrer Synode nach dem Kriege: „Auf der Gewalt ruht kein Segen"; einstimmig angenommen! Und ich weiß nicht, wieviel Leute, die in Eisenach dabei waren, haben nicht nur im Bundestag für die Aufrüstung der Bundeswehr, sondern auch für die atomare Aufrüstung im vergangenen März ihre Stimme abgegeben. „Auf der Gewalt ruht kein Segen": aber her mit der Gewalt, wir brauchen keinen Segen! Sehen Sie, liebe Freunde: Wissen wir eigentlich, was wir tun und was wir tun sollten? (...)

Wenn heute ein Krieg losbricht, dann geht es nicht darum, wer der Schwächere oder Stärkere ist, damit man sich hinterher vergleicht und einen Friedensvertrag macht. Wenn Amerika gegen Rußland kämpft, will Amerika nicht einen Friedensvertrag mit Rußland haben. Und umgekehrt. Sondern dann will man, daß der andere verschwindet. Dann hat man das totale Kriegsziel, d.h. dieser Krieg hat bloß noch einen Sinn, in den wir hineinsteigen und hineingestürzt werden, wenn er damit endet, daß entweder der Kapitalismus und die dementsprechende sog. christliche Weltanschauung weg ist, oder aber, daß der Sozialismus mit der bolschewistischen Weltanschauung weg ist. Sonst hat der ganze Krieg überhaupt keinen Sinn, keinen denkbaren Sinn. Das wußten wir schon eine Weile; das hat sich schon seit 1947 sehr deutlich gezeigt, als der eigentliche Gegensatz aktiviert wurde zwischen den beiden verbleibenden Großmächten. Und dann kam ein Jahr, und, meine Freunde, dieses Jahr, davon werden die Menschen reden, so lange es eine Menschheit auf dem Globus gibt, das ist nämlich das Jahr 1954, das Jahr, wo auf beiden Seiten dieses Gegensatzes die erste Wasserstoffbombe detonierte. Das Jahr, in dem der Mensch plötzlich vor der Tatsache stand, daß er etwas kann, woran vor 1954, so lange es Menschen auf der Erde gegeben hat, Millionen von Jahren, noch niemals ein Mensch als eine Möglichkeit gedacht hat. Seit 1954 können Menschen nicht nur andere Menschen umbringen; das konnten die Menschen immer, solange es Menschen gab; seit 1954 können Menschen das Leben auf der Erdoberfläche umbringen. Das heißt, seit 1954 können die Menschen die Erde so machen, wie es in 1. Mose 1, Vers 1, geschrieben steht: Und die Erde war wüst und leer (...)

Alles das, was wir früher in Zusammenhang mit Gewaltanwendung gedacht haben, gilt nicht mehr. Als der Steinzeitmensch sich vor seine Höhle stellte, um seine Frau und Kinder und das, was er in der Höhle etwa an Beute oder an Werkzeugen als sein Eigentum hatte, gegen einen Angreifer zu verteidigen, und der nun einen Stein vom Boden aufhob, um seiner Faust, wenn sie die Schädeldecke des Angreifers traf, größere Durchschlagskraft zu verleihen — das war ja die erste Waffe —, da hat dieser Steinzeitmensch über Verteidigung, über Waffe, über Krieg und über Frieden genau das gleiche gedacht, was wir alle darüber gedacht haben. Bis zum Jahre 1954. Verteidigung, das hieß: Ich stelle mich vor die Meinen und vor mein Eigentum, ich stelle mich vor mein Volk und vor mein Land und lasse den Angreifer nicht rein. Nur über meine Leiche! Das war Verteidigung, bis 1954. Gibt's nicht mehr. Ist nichts zu verteidigen. Wenn einer 10 Kobaltbomben hochgehen läßt, wird niemand gefragt, was er verteidigen will dagegen (...) Denn diese Waffe, die 10 Kobaltbomben, sind keine Waffe mehr. Sie richtet sich nicht und läßt sich nicht richten gegen den Feind. Sie richtet sich immer auch gegen den, der sie gebraucht, und gegen alle anderen. (...)

Wir haben gemeint, die Hiroshimabomben hätte den zweiten Weltkrieg beendet. Stimmt gar nicht. Sondern für die Leute von Hiroshima und Nagasaki geht der Weltkrieg 800 bis 1000 Jahre weiter, wenn da noch Nachkommen von den Bewohnern von Hiroshima und

Nagasaki da sind. Kein Mensch kann das abbremsen. Wir nennen das Frieden. Aber der Frieden ist kein Frieden mehr. Sondern der Frieden ist, ja, Krieg gegen Unbekannt. Massenmord und Massenselbstmord; d.h. wir müssen unser ganzes Denkkostüm umwenden. Außen nach innen und innen nach außen. Soweit Verteidigung und Waffe und Frieden und Krieg in Frage kommen, haben Menschen Millionen von Jahren sich darunter dasselbe vorgestellt, und alles das stimmt nicht mehr. Sie wissen, was sie tun. Nein, ich glaube eben, ich sprach von einer Mattscheibe, ich hab ja selbst eine, mir sind diese Dinge vom Jahr 54 erst im Jahr 57 wirklich deutlich geworden. Und ich glaube, wir brauchen uns dessen auch nicht zu schämen, daß es schwer ist für uns, Denkgewohnheiten abzulegen, die durch Hunderttausende von Generationen in unseren Vorvätern normal und natürlich gewesen sind, und das ist meine leise Hoffnung. Bei dem einen geht's langsam und beim anderen geht's ein bißchen schneller (...) Aber wir wollen ja nicht daran verzweifeln, sondern wollen darauf hoffen, daß auch die Leute, die uns augenblicklich führen, noch dazulernen können.

Und das meine ich auch von unserem Bundeskanzler. Denn man wird nie so alt, daß man nicht noch dazulernen dürfte und müßte. Ja, ich bin oft gefragt worden, liebe Freunde, ich sage das mit Bedacht: Sie sind ein ganz charakterloser Mensch, Sie sind ja früher Militarist gewesen und Nationalist gewesen, und jetzt sind Sie Pazifist und womöglich auch noch Sozialist oder so etwas! Ich kann darauf nur antworten: In eine Partei bin ich nicht reingegangen. Mein Beruf als Pastor hat mich eigentlich daran gehindert, aber, daß ich meine Überzeugung in meinem Leben geändert habe — ich glaube nicht aus Charakterlosigkeit, sondern weil ich was dazugelernt habe —, dessen schäme ich mich nicht. Wir sind eben an einem Ende angelangt, das Jahr 1954 bedeutet irgendwo ein Ende. Und das zu begreifen, sich das einzugestehen, ist einmal ein Stück Denkarbeit und zweitens ein Stück Selbstüberwindung. Und das geht uns Christen ja wohl in erster Linie eigentlich an, daß wir zu dieser Selbstüberwindung willig sind und werden (...)

Ich habe mir diese Frage vor 2 1/2 Jahren sehr ernsthaft vorgelegt und bin dadurch bewogen worden, mein Neues Testament noch einmal sehr gründlich anzusehen auf die Frage hin: Wie soll sich eigentlich der Mensch gegen seine Feinde und sein Volk gegen die Feinde des Volkes wehren? Ich bin aufgewachsen als Nationalist und als Militarist, das war damals anständig, das galt als christlich, und dabei hatte man ein gutes Gewissen. Das Gewissen kann sonderbare Inhalte haben. Die Christenheit hat seit dem Kaiser Konstantin bis zum ersten Weltkrieg, bis zum zweiten Weltkrieg und vielfach bis heute mit einem guten Gewissen gelebt. Das Vaterland ist in Gefahr, da ist es gar keine Frage: Jetzt wird zur Waffe

gegriffen und das Vaterland wird verteidigt. Was man sich darunter vorgestellt haben mag, na ja, hinterher heißt es Heldentafel. Und wenn man den ganzen Dreck gesehen hat, dann weiß man, wie der Mensch sich in der Gewaltanwendung zwischen Menschen selber geschändet hat, noch und noch, und daß das bloß aus der Entfernung nachher dann besser aussieht, wenn dies schöne Dokument kommt: Ihr Sohn ist auf dem Felde der Ehre gefallen! Liebe Freunde, wir Christen haben gemeint, das wäre alles in Ordnung. Und es hat zwei Weltkriege gebraucht, und jetzt braucht es den Schock des Jahres 1954, um selbst einen Theologen, und ich bin ja einer inzwischen geworden, einen Theologen mal endlich auf die Fährte zu setzen, daß er sich fragen muß: Was sagt denn eigentlich Gott, und zwar der lebendige Gott, der der Vater Jesu Christi ist, denn das ist ja der einzige lebendige Gott, den wir kennen? (...)

Wir haben gelebt, als stünde in der Bergpredigt eine Seligpreisung, die da aber nicht steht und nach der man vergeblich die ganze Bibel durchblättern kann, nämlich: Selig sind die Starken und Gewaltigen, denn sie werden die Erde erobern. Das gibt es nicht. Sondern da heißt es: Selig sind, die auf Gewalt verzichten; nämlich die Sanftmütigen, denn sie werden, nun, nicht das Himmelreich ererben, sie werden das Erdreich ererben. So steht's in der Bergpredigt. So hat der Mann aus Nazareth das gesagt und so hat er's auch wirklich gemeint, und das hat er ja mit seinem Kreuzessterben und mit seinem Gebet „Vater, vergib ihnen, sie wissen ja doch im Grunde nicht, was sie tun" besiegelt. So hat er die Welt überwunden. So hat er seinen Sieg erfochten. Und auf diese Bahn hat er uns gerufen (...)

Wir sollten wissen, jeder Mensch, der Gewalt anwendet, der muß sich für die Gewaltanwendung, aber nicht für die Verweigerung der Gewaltanwendung vor dem Herrn Jesus Christus als vor seinem Herrn verantworten. Das ist auch für uns, liebe junge Freunde, die wir Christen sein wollen, in der Frage Kriegsdienstverweigerung die entscheidende Frage: Nicht, was da bei dem Untersuchungsausschuß oder dem Prüfungsausschuß passiert, sondern was vorher passiert, ob wir von dem Herrn Jesus tatsächlich das grüne Licht bekommen, den Weg zu gehen, den eine Obrigkeit meint von uns fordern zu können; eine Obrigkeit, die, Gott gebe es, nicht weiß, was sie tut. Wenn sie wüßte, was sie tut, dann dürfte man allerdings nur noch von der Demokratischen Union und ihrer Regierung, aber nicht von einer Christlich-Demokratischen Union und ihrer Regierung sprechen. Das „christlich" in dem Parteinamen, und wir haben vorhin von Herrn Hagemann gehört, nicht wahr, durch die Bank ohne Ausnahme haben die christlich sich nennenden Abgeordneten für die Atomrüstung gestimmt!

Sie wissen nicht, was sie tun. Das hoffe ich zu Gott. Wüßten sie's, dann müßten sie das Wort „christlich" streichen. Wissen wir, was wir tun? Dürfen wir das Wort „christlich" führen?, das ist die Frage, die aus dieser Mahnstunde mit uns gehen soll.

„Was würde Jesus dazu sagen? Wenn man sich daran hält, ist man keinem genehm.“

„Bild", 3. 8. 1961

BRIEFE „Niemöller soll drüben bleiben!"

Sollte Herr Niemöller tatsächlich den Kirchentag in Berlin als „Munitionskammer für den kalten Krieg" bezeichnet haben, wie es die „Neue Zeit", das Organ der Sowjetzonen-CDU, schreibt, drängt sich die Frage auf: „Warum bleibt Herr Niemöller nicht ganz drüben?"

Gesamtverband der Sowjetzonenflüchtlinge Kreis Lauterbach.
KARL TRÄGER, 1. Kreisvors.

*

Nachdem täglich über tausend dem Terror entfliehen, will uns der Kirchenpräsident das Gegenteil erzählen …

A. HERDEL, Lübeck

.. weist nur auf eine der wichtigsten, wenn auch unpopulärsten Forderungen des christlichen Glaubens hin „Liebet eure Feinde!" (Luk. 6, 27)

D. SCHMIDT, Oberursel/T.

*

Wie ist es möglich, daß Niemöller weiterhin den Titel Kirchenpräsident tragen darf?

M. L., Schorndorf/Württ.

*

.. unverständlich, daß Niemöller, der unter Hitler so gelitten hat, durch seine Besuche ein so ähnliches Regime anerkennt.

W. HOCHGREBE, Sarnau/Hessen

Arbeitslose wurden vergessen

Bei den heutigen Arbeitslosen handelt es sich fast durchweg um alte, teils kranke Leute der Jahrgänge 1896—1901, die nun schon jahrelang „Arbeitslosenhilfe" erhalten. Obwohl Löhne, Gehälter sowie Preise für Lebensmittel und andere Güter laufend gestiegen sind und die Kassen der Arbeitslosenversicherung überquellen, wurde seit 1954 der Satz für die Arbeitslosenhilfe nicht erhöht. Ebenso wurde trotz der Preissteigerungen der völlig unzureichend gewordene Wohlfahrtssatz nicht geändert.

A. MALISZEWSKI, Eschwege

FAZ, 4. 11. 1959

Kein Kirchenraum für Niemöller

Eigener Bericht

ma. BAYREUTH, 3. November. Dem Kirchenpräsidenten Martin Niemöller ist es von der evangelischen Kirchenverwaltung Bayreuth nicht gestattet worden, am Dienstag im evangelischen Gemeindehaus der Stadt über das Thema „Der Friede als politische Aufgabe" zu sprechen. Zunächst war der große Saal des Gemeindehauses, der bisher stets an politische Parteien und andere Gruppen vermietet worden ist, für die von der „Internationale der Kriegsdienstgegner" veranstaltete Niemöller-Versammlung zur Verfügung gestellt worden. Die Genehmigung wurde jedoch später wieder zurückgezogen, um „eine Verwechslung des Politikers mit dem Kirchenführer zu vermeiden". Die Veranstaltung wurde daraufhin in einen anderen Saal verlegt. Die Kirchenverwaltung begründete ihren Schritt damit, daß eine Verwechslung des Politikers mit dem Kirchenführer Niemöller naheliegend wäre, wenn die Veranstaltung in einem kircheneigenen Gebäude stattfinden würde. Der Beschluß richte sich weder gegen die IDK als Veranstalter noch gegen den Kirchenpräsidenten, sondern entspringe „rein sachlichen Erwägungen".

Kann man sich denn als Pfarrer, als Predigender einmischen auch in die Gegenwart? Sollte man heute, wenn man in der Sprache von heute redet, auch z.B. Stellung dazu nehmen, daß hier bei uns im Lande amerikanische Raketen stationiert werden? Kann man das so unmittelbar auch noch heute umsetzen, die Botschaft?

Oh ja, ich glaube schon. Gustav Bodelschwingh gab ja die Antwort: wie finde ich den gnädigen Nächsten? Das ist die Frage, die die Menschen von heute umtreibt. Die Leute zu Luthers Zeiten, die haben nach dem gnädigen Gott gefragt, weil sie Angst vor der Rache Gottes hatten. Und die Leute von heute, die haben die Angst davor, daß sie ein Tropfen im Eimer sind, und der Eimer wird ausgeschüttet.

Aber soll man als Pfarrer, als Kirche aktuell auch Stellung nehmen zu diesen Fragen, auch beispielsweise ...

... das heißt, hat die Kirche eine Antwort auf die Fragen? Das ist die Frage. Wenn die Kirche eine Antwort hat, dann ist sie diese Antwort den Menschen schuldig, und eine christliche Kirche sollte wissen, daß wir Christen von heute den Menschen die Antwort schuldig sind auf ihre Frage: Wie werde ich Herr über meine Angst? Ich kann ja nicht mehr damit fertig werden. Und so, wie die Menschen damals Angst gehabt haben vor dem rächenden Gott, so haben die Menschen heute Angst vor dem rächenden Schicksal.

Aber das ist ja etwas allgemein, Angst. Wie verhält man sich aber konkret, wenn es z.B. darum geht: Es fragt ein junger Mann Sie, soll er zur Bundeswehr gehen oder soll er sich in der Friedensbewegung aktiv engagieren? Da muß man auch konkrete Antworten darauf geben und kann nicht nur allgemein mit der Angst argumentieren. Was sagen Sie einem jungen Mann, der Sie fragt, soll ich zur Bundeswehr gehen oder nicht?

Da sag ich, wenn dir das dein Gewissen erlaubt, dahin zu gehen, wenn du meinst, du kannst auf eine Scheibe, die Menschenantlitz trägt, ruhig schießen, ohne zu zittern oder die Flinte fallen zu lassen, dann kannst du da ruhig hingehen. Aber ich glaube, daß das falsch ist, ich glaube, daß das falsch ist aus den und den Gründen.

Aber Sie konnten das ja auch mal selber als ...

Sicher, damals gab es die Frage noch nicht, bzw. sie hatte sich noch nicht verbreitet. Als ich ein junger Bursche war, hatte die Menschheit seit 1600 Jahren die Tradition gehabt, wer ein guter Christ ist, wer an Gott glaubt, der muß auch dem Ruf des Königs oder der Obrigkeit folgen und auf andere Menschen schießen bzw. auf die Feinde des Staates oder die Feinde des Volkes oder die Feinde des Königs oder die Feinde des Herrn Cäsar schießen, wenn der es befiehlt. Das war eine Tradition, die, ja die lebt ja heute noch. Wir wissen ja gar nicht, wie weit wir immer noch in Traditionen leben, die schon älter sind als die Christenheit, älter sind als Jesus in seinen Lebzeiten von uns entfernt ist. Und diese Macht der Tradition, mit der haben wir als Kirche zu kämpfen, und dieser Macht der Tradition unterliegen wir immer wieder ...

„Destruktive Rolle“

Zeit 8.1.65

Strauß polemisiert gegen Niemöller

Martin Niemöller, der standhafte Streiter, hat auch mit seiner jüngsten kritischen Bilanz Bonner Politik seine Kritiker gefunden — maßvolle, wie seine Amtsbrüder Lilje und Scharf, wütende, wie Franz Josef Strauß. Der frühere hessen-nassauische Kirchenpräsident hatte den herrschenden Parteien vor allem zwei Vorwürfe gemacht: Sie übten ein „diktatorisches Regiment“ aus, indem sie den Wähler für dumm verkauften, und sie betrieben eine „Demokratie ohne Opposition“, die in „Korruption enden“ müsse und in einer Diktatur, bei der „Hitler ein Waisenknabe sein wird im Vergleich zu dem, was dann kommt“. Niemöllers düstere Prognose endete mit dem Satz: „Man wird im Augenblick nichts anderes tun können, als durch eine große Wahlbeteiligung und Abgabe deutlich, und mit Angabe der Gründe versehener, ungültig gemachter Stimmzettel den politischen Machthabern klarzumachen, daß wir Frieden wollen und in dieser Hinsicht zu den heute wählbaren Parteien keinerlei Vertrauen haben.“

So unsachlich die eine oder andere Bemerkung des Kirchenmannes auch sein mag, der sich durch Zorn und Sorge oft genug zu Übertreibungen hinreißen läßt — größeres Ärgernis muß doch die Form der Entgegnung erregen, zu der sich Strauß verstieg. Niemöller, so polterte der CSU-Vorsitzende, betreibe „Sabotage“ an der Demokratie, er behalte die „destruktive Rolle“ bei, die er sowohl in der Weimarer Republik als auch nach 1945 gespielt habe.

Abgesehen davon, daß Martin Niemöller in den Jahren zwischen 1918 bis 1933 überhaupt keine „Rolle spielte“ — er arbeitete erst in der Landwirtschaft, studierte dann Theologie und wurde 1924 Pastor —, wäre es wohl angemessener gewesen, sich mit den Thesen eines so integeren Verfechters freiheitlicher Demokratie in sachlichem Ton auseinanderzusetzen. Etwa mit der nun wirklich unhaltbaren Behauptung, wir näherten uns einer Diktatur, die schlimmer werden könnte als jene, die Auschwitz hervorbrachte. Auf diesem Feld zumal hätte der Streit ausgetragen werden müssen, fair und mit der gebührenden Achtung vor einem Mann, der sich der braunen Tyrannei tapfer widersetzte und der es wohl verdient, als unerschrockener Mahner vor politischer Gleichgültigkeit anerkannt zu werden.

Doch Franz Josef Strauß gab sich wieder einmal als unbeherrschter Polemiker. Niemöller antwortete ihm: *„Wenn Herr Strauß mich loben würde, wäre mir dies ein ernsthaftes Problem ... Wer und was vernünftig ist, das ließe ich mir von manchem anderen wohl sagen, aber nicht ausgerechnet von Herrn Strauß.“*

Wer wollte da Martin Niemöller widersprechen? **D. St.**

Ärgerlicher war man schon über Martin Niemöller, den früheren Kirchenpräsidenten, der an der institutionellen Einheit der EKD nicht unbedingt festhalten will. Bekümmert meinte ein Synodaler: „Ist es nicht grausam, wie Niemöller sein eigenes Denkmal zerstört?“

Aus einem Bericht der „Welt“ vom 8. 4. 1967 über die Synode in Spandau und Fürstenwalde

Niemöller die Kanzel verweigert

FAZ 25.12.64 Eigener Bericht

D. C. BERLIN, 4. Dezember. Der ehemalige hessische Kirchenpräsident D. Niemöller hat in der vorigen Woche in der Berliner Kirche „Zum Heilsbronnen“ nicht predigen können. Wie erst jetzt bekannt wird, hatte der Gemeindekirchenrat Bedenken gegen eine Predigt Niemöllers in der Gemeinde, woraufhin der Gottesdienst in eine andere Kirche verlegt wurde. Der Beschluß des Gemeindekirchenrates wurde damit begründet, Niemöller werde seiner theologischen Haltung wegen „Ärgernis in der Gemeinde“ erregen.

D. Schmidt: Das hast Du ja gesagt, daß ein Mensch, der Kommunist ist und kommunistisch denkt, was man heute auch drunter verstehen mag, daß der gleichzeitig Christ oder Pfarrer sein kann.

Wenn er Jesus predigt. Es geht um die Verkündigung. Die Kirche ist ein Instrument zur Verkündigung. Dazu ist sie geschaffen worden, und dazu ist sie da. Die Gemeinde Jesu Christi hat, nachdem Jesus aus dieser Welt verschwunden ist, den Auftrag: Gehet hin in alle Welt und predigt die frohe Botschaft. Und das ist der Auftrag, den die Kirche hat, und dafür beruft sie sich auf den Auftrag Jesu, und in dem Auftrag Jesu sieht sie den Auftrag Gottes.

D. Schmidt: Aber darin liegt zugleich ...

Die Trinität liegt da drin.

D. Schmidt: Und die Bestätigung Deiner ganzen jahrzehntelangen Tätigkeit insofern, daß man Dich nicht als Nur-Politiker verstehen kann, wie wir es ja auch tun ...

Ich hab mich nie als Politiker verstanden, d.h. ich bin überzeugt, daß jemand, der auf Jesus hört und ihm folgen wird, sich die Frage stellt und eine Antwort findet auf die Frage: Was würde Jesus dazu sagen? Und sich danach richten will. Ja, daß das ein Christ ist.

Aber viele, vielleicht gerade junge Menschen, die würden sich selbst gar nicht als Christ bezeichnen, obwohl sie vielleicht vieles von dem tun, was christlich ist, sich einsetzen für den Frieden, für besseres Zusammenleben der Menschen untereinander, für menschlicheren Umgang insgesamt, aber sie würden sich nicht in der Kirche oder überhaupt mit dem christlichen Glauben identifizieren.

(Martin Niemöller läßt sich die Bibel geben.)

D. Schmidt: So, Matthäus 25 ist aufgeschlagen ...

... Bei so unfrommen Menschen. Also, der Schluß von Matthäus 25 ist das übrigens: „Wenn aber des Menschen Sohn kommen wird in seiner Herrlichkeit und alle heiligen Engel mit ihm, dann wird er sitzen auf dem Stuhl seiner Herrlichkeit", d.h. auf seinem Richterthron, „und werden vor ihm alle Völker versammelt werden, und er wird sie voneinander scheiden, gleichwie als ein Hirte die Schafe von den Böcken scheidet, und wird die Schafe zu seiner Rechten stellen und die Böcke zu seiner Linken. Da wird dann der König sagen zu denen zu seiner Rechten: Kommt her, ihr Gesegneten meines Vaters, ererbet das Reich, das euch bereitet ist von Anbeginn der Welt. Denn ich bin hungrig gewesen und ihr habt mich gespeist. Und ich bin durstig gewesen, und ihr habt mich getränkt. Ich bin ein Gast gewesen, und ihr habt mich beherbergt. Ich bin nackend gewesen, und ihr habt mich bekleidet. Ich bin krank gewesen, und ihr habt mich besucht. Ich bin gefangen gewesen, und ihr seid zu mir gekommen. Dann werden ihm die Gerechten antworten und sagen: Herr, wann haben wir dich hungrig gesehen und haben dich gespeist, oder durstig und haben dich getränkt. Wann haben wir dich als einen Gast gesehen und beherbergt, oder nackend und haben dich bekleidet. Wann haben wir dich krank oder gefangen gesehen und sind

zu dir gekommen? Und der König wird antworten und sagen zu ihnen: Wahrlich ich sage euch: Was ihr getan habt einem unter diesen meinen geringsten Brüdern, das habt ihr mir getan. Dann wird er auch sagen zu denen zur Linken: Geht hin von mir, ihr Verfluchten, in das ewige Feuer, das bereitet ist dem Teufel und Seinigen. Ich bin hungrig gewesen und ihr habt mich nicht gespeist. Ich bin durstig gewesen und ihr habt mich nicht getränkt. Ich bin Gast gewesen und ihr habt mich nicht beherbergt. Ich bin nackend gewesen und ihr habt mich nicht bekleidet. Ich bin krank und gefangen gewesen und ihr habt mich nicht besucht. Da werden sie ihm auch antworten und sagen: Herr, wann haben wir dich gesehen hungrig oder durstig, oder einen Gast oder nackend oder krank oder gefangen und haben dir nicht gedient? Dann wird er ihnen antworten und sagen: Wahrlich, ich sage euch, was ihr nicht getan habt einem unter diesen Geringsten, das habt ihr mir auch nicht getan. Und sie werden in die ewige Pein gehen, aber die Gerechten in das ewige Leben."

Die ersten nennt er seine Brüder, die haben ihn schon gekannt, nicht, und die andern, die haben ihn beherbergt und sich um ihn gekümmert und die zweiten, die sind seiner gar nicht gewahr geworden und hätten seiner gewahr werden sollen in dem Mitmenschen, der ihre Hilfe, ihren Beistand, ihre Solidarität oder wie immer wir das nennen mögen ... also, das ist der Punkt. Wir sitzen nicht auf dem Richterstuhl Gottes. Wir haben nicht zu sagen: Du bist kein Christ, nicht, sondern die Frage ist: Hast du getan, was Jesus von uns gewollt hat und von euch im Grunde auch will und gewollt hat?

D. Schmidt: Und er kann das vielleicht sogar tun, auch wenn er nichts weiß von Christus?

Sicher, sicher, Gandhi ... warum bist du nicht Christ geworden? Gandhis letzter Privatsekretär, mit dem ich in Indien 1954 das erste Mal zusammen war, Pyerelal hieß der, er führte mich durch das Gandhi-Museum. Und da war ein Brief Gandhis, der war auf englisch geschrieben. Das war so ein christlicher Brief, daß ich Pyerelal fragte: Sagen Sie mal, wie kann der das schreiben und ist doch gar kein Christ geworden. Darauf sagte Pyerelal: Wir haben gefragt, warum läßt du dich nicht taufen? Und darauf hat er geantwortet: Wenn ich mich taufen ließe, dann dürfte ich ja nicht mehr christlich leben.

D. Schmidt: Oh, das ist aber hart!

Ja, das hat mir Pyerelal als einen Ausspruch von Gandhi, weshalb er nicht Christ geworden ist, gesagt.

1961 wird Martin Niemöller zu einem der Präsidenten des Weltkirchenrats gewählt.

Fernsehinterview am Frankfurter Flughafen

Reporter: Sie sind ein weitgereister Kirchenmann, gewissermaßen ein Kirchenmann mit Flügeln, Herr Präsident, was werden Ihre nächsten Aufgaben sein?

Niemöller: Ja, ich muß mich jetzt erst mal besinnen. Heute bin ich frei, und morgen muß ich Sitzungen halten, und übermorgen muß ich nach Tübingen. Vom Montag an bin ich dann für eine Woche in der DDR oder in Ostdeutschland. Wenn ich von da zurückkomme, muß ich nach England, wo ich für Pfingsten verpflichtet bin. Schon vor ein paar Jahren hab ich das angenommen ...

Auf Einladung der Regierung und des Roten Kreuzes reist Martin Niemöller im Dezember 1966 nach Hanoi. Er begleitet eine Delegation der „Hilfsaktion Vietnam".
Wieder einmal erregt der inzwischen fast 75jährige Pastor weltweites Aufsehen. Entsprechend groß ist der Troß von Journalisten, die ihn in Frankfurt am Flughafen erwarten. Daß die Hilfsaktion ihre Spendengelder sowohl nach Süd- als auch nach Nordvietnam schickt, daß es vor allem eine christliche Mission ist, die der pensionierte Kirchenpräsident da ausübt, interessiert nicht so sehr wie die Tatsache, daß sich Niemöller mit Ho-Tchi-Minh an einen Tisch gesetzt hat.

Pressekonferenz nach der Rückkehr aus Vietnam (13.1.1967):

Niemöller: Wir vier haben einen ziemlich langen Nachmittag bei Ho-Tschi-Minh, in Gegenwart von seinen nächsten Beratern verlebt, mit ihm Tee getrunken und herauszufinden versucht, was so seine Gedanken über die Zukunft Vietnams sind.
Bei dieser Gelegenheit haben wir eindeutig feststellen müssen oder feststellen können, daß Ho-Tschi-Minh nicht etwa darauf aus ist, die Amerikaner zu besiegen oder dergleichen oder ihnen eine Schande zu bereiten. Aber er ist sehr eindeutig auf dem Standpunkt: Dieser Krieg geht zu Ende in dem Augenblick, wo die Amerikaner Vietnam verlassen.

Reporter: Sie werden morgen 75 Jahre alt. Wie lange glauben Sie noch so strapaziös für Frieden und Christentum wirksam sein zu können?

Zuhörer: Wir hoffen, noch sehr, sehr lange.

Nicmöller: I shall say, God knows.

Zuhörer: Sagen Sie es auf Deutsch.

Niemöller: Gott weiß das, ich weiß es nicht. Aber solange ich noch eine Aufgabe für heute und morgen vor mir sehe und die Kräfte habe, mich dieser Aufgabe zu widmen, gedenke ich das zu tun.

epd Evangelischer Pressedienst

Redaktionen in Bethel, Berlin, Bonn, Düsseldorf, Frankfurt a. M., Hamburg, Hannover, Karlsruhe, Kassel, Kiel, München, Speyer, Stuttgart

Zentralausgabe

4813 Bethel bei Bielefeld, Evangelisches Pressehaus
Tel.: Bielefeld (0521) 61448 u. 61443 · FS. 09-32829 epdzrd

Nr. 21 Mittwoch, 25. Januar 1967

Verfassungsschutz untersucht Reaktion auf Niemöllers Reise

Bundesinnenministerium: Nicht gegen seine Person gerichtet

epd Bonn, 25. Januar 67. Die Reise des ehemaligen hessen-nassauischen Kirchenpräsidenten D. Martin Niemöller (Wiesbaden) nach Nordvietnam ist Gegenstand von Ermittlungen des Bundesamtes für Verfassungsschutz. Angeblich beschränken sich die Nachforschungen auf die publizistische Auswertung dieser Reise in der kommunistischen Presse.

Das Bundesinnenministerium betonte am Mittwoch gegenüber dem Evangelischen Pressedienst in Bonn, die Ermittlungen seien nicht gegen die Person Niemöllers gerichtet, der "natürlich wie jeder andere Bürger der Bundesrepublik ungehindert in jedes Land reisen" könne. Er müsse es sich aber gefallen lassen, daß die Bundesregierung von der Reise eines führenden Kirchenvertreters in ein Land, das im Brennpunkt der Weltpolitik stehe, Kenntnis nehme und sich dafür interessiere, wie die kommunistischen Länder darauf reagieren.

Das Bundesinnenministerium bestätigte ferner, daß sich der Verfassungsschutz schon vor der Ostasien-Reise Niemöllers mit der bisherigen Höhe und Verteilung des Spendenaufkommens der "Hilfsaktion Vietnam" befaßt habe. Im Auftrage dieser internationalen Organisation hatte der 75jährige Theologe, einer der sechs Präsidenten des Ökumenischen Rates der Kirchen, Anfang Januar Hanoi und andere nordvietnamesische Städte besucht. Dabei begleitete ihn u.a. der Generalsekretär der Deutschen Caritas, Msgr. Dr. Georg Hüssler (Freiburg), der dem Papst inzwischen über die Reise berichtet hat, während Niemöller den Rat der EKD informierte.

Niemöller: Identifizieren die Asiaten alle Weißen mit den Amerikanern?

epd Hannover, 25. Januar 67. Durch ihren Krieg in Vietnam, den sie "aus dem irrtümlichen Glauben an die Macht" führten, zögen sich die Amerikaner die Feindschaft der Völker Asiens zu. Deshalb sei es eine Schicksalsfrage, ob die Asiaten die ganze christlich-abendländische Welt mit den Amerikanern identifizieren würden. Diese Ansicht vertrat D. Martin Niemöller am Dienstagabend in Hannover, als er auf Einladung der Evangelischen Studentengemeinde in der überfüllten Mensa der Technischen Hochschule über "Die Verantwortung der Christen für die Welt von morgen" sprach. Seiner Meinung nach wird am Vietnam-Krieg deutlich, "daß militärische Macht heute ihren zwingenden Charakter verloren hat". Deshalb und weil die weiße Rasse gegenwärtig den geringsten Zuwachs habe, werde "die Welt von morgen nicht mehr die Welt des weißen Mannes" sein. Niemöller wies darauf hin, daß im Jahre 2000 von schätzungsweise sieben Milliarden Menschen nur noch drei Milliarden Weiße sein würden. (1/67 FS-Voraus 25.1.)

Deutsche Medikamente für ein Krankenhaus in Hanoi?

Niemöller berichtet von seiner Reise nach Vietnam / Zum Tee bei Ho Tschi Minh / Ein Tag in Peking

dv. Einen ersten, knappen Bericht von seinem Besuch in Nordvietnam hat Pastor Dr. Martin Niemöller gestern mittag auf dem Frankfurter Flughafen abgegeben. Niemöller war, wie berichtet, am 30. Dezember mit drei Begleitern nach Asien gereist, um für das Komitee „Hilfe für Vietnam“ die Möglichkeiten humanitärer Hilfe zu erkunden. Ein Mitglied der Delegation, der Generalsekretär des Caritas-Verbandes, Dr. Hüssler, ist noch nicht nach Deutschland zurückgekehrt; er liegt mit einer schweren Grippe in einem Hospital in Hongkong.

Niemöller, der an diesem Samstag 75 Jahre alt wird, sprach trotz der anstrengenden Flugreise konzentriert und frisch. Der siebentägige Aufenthalt in Hanoi, sagte er, habe ihm und seinen Freunden auf erschreckende Weise deutlich gemacht, „wie dieses Volk leidet“. Ein großer Teil der Bevölkerung sei evakuiert. Amerikanische Bomber hätten mehrere Schulen und Krankenhäuser zerstört. Zweimal, sagte Niemöller, sei während seines Besuchs in Hanoi Fliegeralarm gegeben worden. Man habe jedoch nur ferne Motorengeräusche gehört und keinen Angriff miterlebt.

Ein Nürnberger Redakteur, der ebenfalls der Delegation angehörte, berichtete von amerikanischen Kartätschenbomben, die wegen ihrer verheerenden Streuung zahlreiche Menschen gefährlich verletzt hätten. Er zeigte Teile einer solchen Bombe, die er auf der Straße gefunden hätte. Ein siebzehnjähriger Vietnamese habe stolz berichtet, im Oktober habe er zum ersten Mal auf amerikanische Flugzeuge schießen dürfen. Auf die Frage, ob er alle Amerikaner für böse Menschen halte, antwortete der junge Mann: „Sie haben kein Recht, in unserem Land Bomben zu werfen, also sind sie kriminell.“ So und ähnlich, erklärte der Journalist, sei die Meinung aller Altersschichten in Nordvietnam. Man habe den Eindruck gewonnen, die Nordvietnamesen stünden geschlossen hinter Ho Tschi Minh und seien zu keinem Kompromiß bereit. „Wenn sie können, kämpfen sie auch noch zwanzig Jahre lang.“

Niemöller, der wiederholt hervorhob, die Reise habe keine politischen Zwecke verfolgt, erzählte auch vom Besuch der deutschen Gäste bei Ho Tschi Minh. Der nordvietnamesische Präsident hatte an diesem Nachmittag seine engsten Berater um sich und ließ Tee ausschenken. „Ich werde auch die Amerikaner zum Tee einladen“, sagte er, „wenn sie wenigstens die Bereitschaft zum Abzug erkennen lassen.“ Zu Verhandlungen, referierte Niemöller, sei Ho Tschi Minh erst nach Einstellung der Bombenangriffe bereit, zu einem Frieden nur bei Abzug der amerikanischen Truppen. Der Präsident habe unversöhnlich gewirkt, sagten die Reisenden. Er wolle die Amerikaner nicht besiegen, nur vertreiben.

Im Gesundheitsministerium und beim Roten Kreuz in Hanoi hat man den Deutschen eine Liste von Medikamenten und medizinischen Instrumenten zusammengestellt, die dringend gebraucht werden. Das Komitee „Hilfe für Vietnam“ will versuchen, diese Wünsche zu erfüllen. Die Nordvietnamesen beabsichtigen, mit den Hilfsmitteln ein neues Krankenhaus auszustatten; es soll 250 Betten haben. Vor allem hochwertige Antibiotika und Chininpräparate fehlen in Hanoi.

Niemöller und seine Begleiter haben auf der Hinreise einen Tag in Peking verbracht. Die Deutschen durften ungehindert die Stadt durchstreifen. Sie gerieten dabei in Aufmärsche und Massenkundgebungen der „Roten Garden“. Die ganze Stadt schien im Aufruhr. „Wir hatten das Gefühl“, so Niemöller, „als ob dort das ganze Volk den Roten Garden angehört.“ Sie seien bis in die Nacht hinein trommelnd und singend durch die Straßen gezogen. Mao werde wie ein Messias gefeiert. Auf dem Weiterflug hätten dann Ostblock-Diplomaten beschwichtigt, dies sei noch ein sehr ruhiger Tag gewesen. Auch der Heimflug ging wieder über China, jedoch war keine Gelegenheit mehr, eine Stadt zu besuchen.

Von den Eindrücken in Nordvietnam werde er auch bei seiner nächsten Amerika-Reise unverblümt berichten, sagte Niemöller. Er schloß sich der von de Gaulle vertretenen Auffassung an, die Amerikaner müßten sich dem Genfer Abkommen von 1954 anschließen und ihre Bereitschaft zum Abzug der Truppen erkennen lassen, wenn der fürchterliche Krieg in Vietnam beendet werden solle.

Niemöller fuhr am Abend zu einem Empfang nach Darmstadt, den die Evangelische Kirche in Hessen und Nassau, deren Präsident er früher war, ihm zu Ehren vorbereitet hatte. Der Frankfurter Oberbürgermeister hat Niemöller einen Geburtstagsglückwunsch übermittelt, in dem es heißt: „Ich wünsche Ihnen Gesundheit und Kraft, damit Sie sich den Aufgaben, die Ihnen als einem der sechs Präsidenten des Ökumenischen Rates obliegen, mit Erfolg widmen können.“

Pastor Niemöller, Präsident des Weltkirchenrates, berichtet auf dem Frankfurter Flughafen über seine Reise nach Nordvietnam. Foto Dabrowski

FAZ, 14. 1. 1967

Niemöllers 91. Geburtstag

„IHR KÖNNT NICHT GOTT DIENEN UND DEM MAMMON!“

Ihr könnt nicht Gott dienen und dem Mammon. Das Geld hat die Macht. Und wenn die Manager irgendwo ein Geldmonopol zur Macht und zur Weltmacht gemacht haben, dann hat das Geld, der Mammon hat dann sein Ziel erreicht.

Aber die Kirche ist doch auch selbst sehr vertraut im Umgang mit Geld?

Ja nun, es gibt ja auch keine dümmere, unintelligentere Gesellschaftsgruppe als die Kirche. Die Kirche ist die dümmste Institution, die wir haben seit Martin Luther.

Die Wiederbelebung, der fahrende Platzregen, der kann noch zurück schlagen aus der sogenannten dritten Welt und dem dortigen Christentum auf unsere Welt. Aber unsere Welt ist keine Welt mehr, die Mission treiben kann.

D. Schmidt: Sicher nicht.

Amtseinführung von Niemöllers Nachfolger im Amt des Kirchenpräsidenten

Daten über Kinder, Greise und Frauen
Im Januar 1984, kurz nach unserem letzten Besuch in Wiesbaden, lesen wir, daß in der geheimen Zersetzerdatei des Militärischen Abschirmdienstes auch der 92jährige Pastor Niemöller verzeichnet ist, „über den so viele Eintragungen vorlagen, daß es nicht möglich war, sie hier wiederzugeben."
(„DER SPIEGEL" Nr. 4/1984 vom 23.1.1984)

Daten über Kinder, Greise und Frauen

Ein geheimer Prüfbericht enthüllt die dubiosen Praktiken des MAD

hier vorgefallen ist". Und: „Nicht jede Demonstration gegen ein Militärmanöver kann von vornherein als verfassungsfeindlich bezeichnet werden."

Völlig aus der Fassung gerieten die Datenkontrolleure, als sie beim MAD zur sogenannten Basiskartei Zersetzung vorstießen – einer handschriftlich geführten Datei, in der etwa 50 000 Personen gespeichert waren. 18 192 davon fanden sich gleichzeitig im PZD-Computer, der bei Sicherheitsüberprüfungen und Bitten um Amtshilfe immer als erster befragt wird. In diesen Daten war so ziemlich jeder verzeichnet, der in der Bundesrepublik als „links" zu gelten hat. In der Zersetzungskartei fanden sich etwa der Schriftsteller Bernt Engelmann, der Bevollmächtigte der IG Metall Helmut fer von Berufsverboten.

Andere Prominente aus der MAD-Kartei:

▷ der Publizist und Verleger Reinhold Neven DuMont;
▷ Pastor Martin Niemöller, über den so viele Eintragungen vorlagen, daß es „nicht möglich war, sie hier wiederzugeben";
▷ der Chefredakteur des, inzwischen eingestellten, Berliner „Extra-Dienstes", Carl Guggomos, über den es heißt, er sei 1975 „auf Betreiben des außenpolitischen Experten der SPD, Wischnewski, aus der Partei ausgeschlosen worden;
▷ der Journalist Fritz Richert, der mit folgendem Text gespeichert ist: „DJV-Vorsitzender entlassen. Die

1931 wurden Sie Nazi-Pastor genannt, dreißig Jahre später, zur Zeit des Kalten Krieges, hat man geglaubt, Sie mit dem Wort Kommunist beschimpfen zu können.

Ja, ja.

Wie ist das denn, wie haben Sie das selbst gespürt, erlebt? Hat Sie das getroffen?

Was würde Jesus dazu sagen? Wenn man sich daran hält, ist man keinem genehm.

■

Wir danken der Familie Niemöller für die Unterstützung unserer Arbeit und allen, die uns bei Recherchen, Materialbeschaffung und Realisierung geholfen haben.

In dankbarer Erinnerung an Martin Niemöller und Dietmar Schmidt.

Ein Film von: Hannes Karnick und Wolfgang Richter

Beratung: Dietmar Schmidt

Kamera: Wolfgang Richter

Kamerassistenz: Wilhelm Rösing

Ton: Hannes Karnick

Animation: Horst Erlitz

Schnitt: Wolfgang Richter

Musik: Frank Wolff

Researching: Hannes Karnick

Script: Sylvia Sadlon

Coproduktion: Sender Freies Berlin

Redaktion: Hans Kwiet, Johannes Huthmann

Produktion: docfilm © 1985

Daten zum Lebensweg Martin Niemöllers

Zusammengestellt von Hans-Joachim Oeffler

1892 14. Januar in Lippstadt/Westfalen, Brüderstraße 13 als zweites von sechs Kindern des Pfarrers Heinrich Niemöller geboren.
Unter den Kindern ist er der „König der Woldemai". Die Lippe weckt die Leidenschaft zur Seefahrt. Jesus begegnet ihm in der Bilderbibel. In der Schule geht es ihm zu langsam: „Spielt mit den Fingern!"

1900 Der Vater wird Pfarrer in Elberfeld. Enttäuscht über den kleinen Pfarrgarten sagt Martin: „Vater, bist Du dumm gewesen!"
Der Junge lernt das Elend des Industrieproletariats kennen. Der gestickte Spruch über dem Webstuhl wird ihm zur Lebensfrage: „Was würde Jesus dazu sagen?"
Kapellmeister der Schülerkapelle.

1910 Abitur mit Auszeichnung.
Seekadett der Kaiserlichen Marine auf Schulschiff „Hertha".

1912 Leutnant zur See auf dem Linienschiff „Thüringen" („Der rote Leutnant")

1915 Freiwillig zur Unterseeboot-Flotte wird Niemöller

1916 2. Offizier auf U 73, dann Steuermann auf U 39

1917 bedroht sein U-Boot U 151 im Hafen von Dakar den Dampfer, der Albert Schweitzer nach Europa in Quarantäne bringen soll.
Verlobung mit der Elberfelder Arzttochter und Studentin der Philologie Else Bremer

1918 Kommandant auf UC 67. Bei den Engländern gilt Niemöller als „Der Schrecken von Malta".
Rückkehr nach Kiel

1919 verweigert Niemöller den Befehl, U-Boote als Reparationsleistung nach England zu überführen, und verläßt am 1. April die Marine.
20. April Heirat mit Else Bremer. Die beiden wollen als Farmer nach Südamerika und absolvieren in Westerkappeln und Wersen, der Heimat der Eltern, eine Bauernlehre. Die Inflation zwingt zur Kursänderung: Tagebucheintrag am 17.9.: „Werde ich Theologe?"
Hebräischunterricht durch den Pfarrer in Westerkappeln.
3. Oktober Immatrikulation für Theologie in Münster.

1920 Nach dem Kapp-Putsch im März Kommando beim Regiment „Akademische Wehr" der westfälischen Reichswehrbrigade gegen den Aufstand der Ruhrarbeiter, die den Rechtsrutsch verhindern wollen.
Nebenerwerb als Bremser, Rottenarbeiter, Stellwerksaufseher bei der Bahn, Rechnungprüfung in Nachtschichten bei der Bank.

1924 29. Juni Ordination zum Pfarrer
Landesgeschäftsführer der Inneren Mission Westfalens in Münster mit ausgedehnten Reisen (im Hanomag „Kommißbrot"), Vorträgen, Schulung von Mitarbeitern, Bautätigkeit, Gründung einer Darlehensgenossenschaft (1927)

1929 Gegen Mißstände in den sanitären Einrichtungen der Schule wird die „Evangelische Vereinigung" gebildet, Niemöller zieht als deren Fraktionsführer ins Stadtparlament Münster ein.

1931 1. Juli endlich als Gemeindepfarrer im vornehmen Berliner Villenviertel Dahlem. Kirchmeister: Prof. Ludwig Bartning. Ein Ruf ins Rheinland kam zu spät.

1933 29. Mai Mitarbeiter im Kirchenbundesamt während der kurzen Amtszeit von Friedrich von Bodelschwingh als Reichsbischof.
Als Protest gegen die Einführung des „Arier-Paragraphen" auch in die Kirche durch die Preußische Generalsynode ruft Niemöller am 19. September alle Pfarrer im Reich auf, sich im „Pfarrernotbund" zusammenzuschließen. Damit beginnt der Weg der Bekennenden Kirche.

1934 25. Januar: Während einer Audienz in Sachen Reichsbischof Müller widerspricht Niemöller dem „Führer", der den Pfarrern eine Verantwortung für irdische Angelegenheiten des Deutschen Volkes absprechen möchte.
Anfang Februar Predigtverbot, über das Niemöller sich hinwegsetzt.
29.-31. Mai 1. Synode der Bekennenden Kirche in Barmen-Gemarke
20. Oktober 2. Synode in Dahlem, kirchenpolitische Konsequenzen aus Barmen
Im Herbst erscheint Niemöllers Erinnerungsbuch „Vom U-Boot zur Kanzel", das eine Auflage von über 90 Tausend erreicht.

1937 Gegen Niemöller laufen 40 Gerichtsverfahren.
27. Juni letzte Predigt in Dahlem
1. Juli Haft in Moabit

1938 8. Februar Prozeß, der am 2. März mit der Freilassung endet. Das Kabinett stimmt einer Verhaftung, die Hitler verlangt, nicht zu. Daher erklärt Hitler Niemöller zu seinem „persönlichen Gefangenen". Niemöller wird in das Konzentrationslager Sachsenhausen verschleppt. Unterernährung führt fast zur Erblindung.

1941 Am 17.3. darf Niemöller den sterbenden Vater in Elberfeld besuchen. Die Teilnahme an der Beerdigung wird nicht erlaubt, weil sie zur öffentlichen Sensation geworden wäre.
11. Juli Überführung in das KZ Dachau, auch in der Absicht, den Gedanken an eine Konversion zur katholischen Kirche zu verstärken.

1945 26. April Abtransport durch die SS zur angeordneten Ermordung in Tirol
Befreiung durch deutsches Militär, am 3. Mai durch US-Truppen
Internierung in Neapel, Paris und Wiesbaden
Durch einen dreitägigen Hungerstreik setzt Niemöller seine Freilassung aus der Villa Pagenstecher durch
24. Juni Rückkehr zur Familie in Leoni am Starnberger See
August Zusammenkunft des Reichsbruderrates in Frankfurt/M.
Niemöller als dessen Delegierter mit einer programmatischen Rede über die Neuordnung der Kirche auf der „Konferenz evangelischer Kirchenführer" vom 27. bis 31. August in Treysa. Niemöller wird nur „Stellvertreter" des Ratsvorsitzenden, aber zum Präsidenten des Kirchlichen Außenamtes berufen.
19. Oktober: Stuttgarter Schulderklärung

1946 Februar Teilnahme an der Sitzung des Weltkirchenrates in Genf
Dezember bis 20. Mai 1947 Vortragsreise durch die USA
Gegen den Kalten Krieg unternimmt Niemöller es, Brücken zu bauen

1947 Reisen nach Norwegen und Dänemark
1. Oktober Berufung durch den Landes-Kirchentag zum Präsidenten der Ev. Kirche in Hessen und Nassau, Dienstsitz Darmstadt

1948 Reisen nach Schweden und England
August 1. Vollversammlung des Weltkirchenrates in Amsterdam („Krieg ist gegen den Willen Gottes!")

1949 Reisen nach Irland, Australien und Neuseeland
Synode in Bethel wählt Niemöller als Stellvertreter des Ratsvorsitzenden ab.
11. Dezember: Im Zusammenhang mit dem Korea-Krieg kommt es zu dem Higgins-Interview und Niemöllers Satz: „Die Bundesrepublik ist in Rom gezeugt und in Washington geboren!"

1950 März: Bei einem Empfang des Rates der EKD durch Adenauer kommt es zur Auseinandersetzung mit Niemöller über die Folgen der Aufrüstung
Offener Brief an Adenauer
11. April Rücktritt als Kirchenpräsident, Wiederwahl auf acht Jahre.

1951 Predigt- und Vortragsreise in die DDR, dann nach Jugoslawien
31. Dezember Für zehn Tage erste Reise nach Moskau auf Einladung des Patriarchen Alexius. Die Begegnung wurde möglich durch Gespräche mit dem Metropoliten Nikolai während verschiedener Begegnungen auf Tagungen des Weltfriedensrates

1952 Reise nach Indien

1953 Rede auf der Tagung des Weltfriedensrates in Budapest: „Wer den Frieden will, muß die Verständigung mit dem Gegner wollen!"
In der BRD Aufruf zur Volksbefragung vor der Wahl

1954 Reise in die CSSR
Präsident der Deutschen Friedensgesellschaft (gegründet 1892!)
Entscheidendes Gespräch mit Otto Hahn und weiteren Atomwissenschaftlern zur Vorbereitung einer Erklärung des Rates der EKD und im Blick auf die 2. Vollversammlung des Weltkirchenrates 1954 in Evanston/Chicago. Schock: Nicht nur Millionen, das Leben selbst ist von Auslöschung bedroht!

1955 Gustav Heinemann als Präses der Synode der EKD nicht wiedergewählt

1956 Niemöller auf Betreiben eines „militanten lutherischen Konfessionalismus“ als Leiter des Außenamtes abgesetzt
Reisen nach Österreich und Ungarn

1958 Reise nach Polen.
11. März Wiederwahl zum Kirchenpräsidenten auf acht Jahre.
Ostermontag: Erster Ostermarsch nach Aldermaston/England
Tagung der Bruderschaften: Glaube an Jesus Christus ist unvereinbar mit Neutralität oder Zustimmung zur Atombewaffnung!

1959 25. Januar, Kasseler Rede: Ausbildung zum Soldaten im Atomzeitalter ist Ausbildung zum Massenmord!
Strafantrag von Minister Strauß wird durch die Staatsanwaltschaft niedergeschlagen.
Schmähschrift gegen Niemöller

1961 I. Allchristliche Friedensversammlung in Prag
7. August Autounfall in Dänemark, Frau Niemöller und Dora Schulz sind tot, Niemöller schwer verletzt
30. November in New Delhi Wahl zu einem der sechs Präsidenten des Weltkirchenrates, die Russisch-Orthodoxe Kirche wird Mitglied

1962 17. Juni Begegnung mit Nehru in Indien
Gast beim Weltjugendfestival in Helsinki

1963 Ehrenmitglied der Poncas-Indianer: „oo-duh-mah-thee-a“: Der auf dem rechen Weg!
Vor dem Fernsehen am 30. Oktober Gespräch mit Günter Gaus

1964 II. Allchristliche Friedensversammlung in Prag
Nach 17 Jahren legt Niemöller zum Jahresende sein Amt als Kirchenpräsident nieder.

1965 In einem Neujahrsartikel der „Stimme der Gemeinde“ rechnet Niemöller mit dem Parteienkartell in der BRD ab.
Besuch bei Albert Schweitzer in Lambarene
2.-5. Juli Reise nach Südvietnam

1966 Dezember bis Januar 1967 Reise nach Nordvietnam, Begegnung mit Ho Tschi Minh

1967 Ehrenpräsident des Weltfriedensrates

1968 Herzinfarkt in Jerusalem

1971 Heirat mit Sibylle Donaldson geb. von Sell
III. Allchristliche Friedensversammlung in Prag

1972 Initiativen zur Einberufung einer Konferenz für Sicherheit und Zusammenarbeit in Europa (KSZE)

1973 Bei einer Vietnam-Demonstration am 29. Januar in Bonn: „Die USA müssen auf Heller und Pfennig bezahlen, was sie an materiellen Schäden angerichtet haben!“
Weltfriedensversammlung in Moskau

1974 Gründung des Komitees für Frieden, Abrüstung und Zusammenarbeit

1975 Gast bei der Vollversammlung des Weltkirchenrats in Nairobi

1976 Ehrenrpräsident der Deutschen Friedensgesellschaft, die mit der Vereinigung der Kriegsdienstverweigerer zur DFG/VK fusioniert.
12. Juli Beerdigung von Gustav Heinemann. Aus diesem Anlaß wird Niemöller von der rechtsradikalen „Deutschen Nationalzeitung“ interviewt. Er macht den Weg zusammen mit Heinemann deutlich.

1977 Gründung der Martin-Niemöller-Stiftung in Wiesbaden
Tagung 30 Jahre Darmstädter Wort
Niemöller soll Ersatz-Geisel für Hans Martin Schleyer werden

1978 Kampf gegen Pläne, die Neutronenbombe einzuführen
IV. Allchristliche Friedensversammlung in Prag
Ausgedehnte Reise durch die Stationen der Kindheit, der Jugendzeit und des ersten Wirkens in Westfalen (1.-7. Oktober)

1979 4. März Predigt in der Markuskirche in Stuttgart zum Schuldbekenntnis
21. April bei der Demonstration der Antifaschisten in Straßburg
Reise durch die Pfalz und Rede bei der 450-Jahrfeier der

Protestation in Speyer
21. Oktober Predigt in Netzschkau/Vogtland (DDR)
9. Dezember Protestmarsch durch Brüssel gegen den NATO-Beschluß

1980 Rede bei der Internationalen Manifestation in Kaiserslautern
Initiative zum „Krefelder Appell"

1981 25. Januar letzte Predigt in der Lutherkirche in Wiesbaden
27. Juni letzte Predigt zu einer Hochzeitsfeier
Rede für die Friedensdemonstration in Bonn am 10. Oktober
22. November letztes Beisammensein aller fünf Geschwister zum 80. Geburtstag der Schwester Maria Opitz in Elberfeld

1982 16. Januar: Festveranstaltung zum 90. Geburtstag durch die Martin-Niemöller-Stiftung in der historischen Paulskirche in Frankfurt/M.
Februar: Reise nach Wildbad Kreuth zur Kur
6. Mai: Letzte Teilnahme an einem Kolloquium der Stiftung mit dem ehemaligen Botschafter der UdSSR Falin im Dominikanerkloster in Frankfurt/M.
In Wersen gibt es Auseinandersetzungen und schließlich die Verweigerung der Ehrenbürgerschaft
Vorwort zur Dokumentation „Zwangsarbeit in Osnabrück"

1983 Der Nobelpreisträger der Chemie und Friedensnobelpreisträger Linus Pauling besucht Martin Niemöller am 3. Juli
Ab Spätsommer bettlägerig, empfängt Niemöller regelmäßig Freunde, an seiner Arbeit Interessierte und Ratsuchende, Mitarbeiter der Kirche und den Gemeindepfarrer. Die im Herbst 1983 begonnenen Interviews und Dreharbeiten zu dem Film „Was würde Jesus dazu sagen? Martin Niemöller: Reise durch ein protestantisches Leben" gehen weiter. Niemöller führt Telefongespräche und diktiert Briefe, er betreibt das Bibelstudium und führt exegetische Diskussionen, durch Tageszeitung und Fernsehen ist er über die Lage auf dem Laufenden. „Er war bis zu den letzten Tagen von wunderbarer geistiger Präsenz und ungetrübter Erinnerungskraft!" (H. Gollwitzer)

1984 Dienstag, am 6. März gegen 17 Uhr stirbt Martin Niemöller zuhause in Wiesbaden, Brentanostr. 3. Wie er es im Mai 1980 angeordnet hatte, wird er in der Heimat der Väter und Mütter in Wersen bei Osnabrück beerdigt (Montag, 12. März, 14 Uhr).

Die genannten Reisen sind nur jeweils die ersten in die betreffenden Länder, denen sehr viele weitere folgten. Predigten hat Niemöller mindestens zweitausend gehalten. Auszeichnungen aus Ost und West (wie z.B. Bundesverdienstkreuz und Lenin-Friedenspreis) sowie Ehrendoktoren und andere Würden können hier nicht genannt werden, da ihre Aufzählung diese Liste überfüllen würde.

Mit freundlicher Genehmigung des Autors

Die Autoren

Hannes Karnick und Wolfgang Richter, die beiden Darmstädter Filmemacher, wurden beide 1947 geboren. Architekturstudium an der Technischen Hochschule in Darmstadt. Nach Jahren gemeinsamer Arbeit im Filmclub der TH begannen sie 1968 selbst Filme zu machen. Sie drehten bisher hauptsächlich „unabhängig" produzierte Dokumentarfilme und Auftragsfilme für verschiedene Fernsehanstalten.

1971–1978 waren sie ständige Mitarbeiter im Team des ZDF-Jugendmagazins „Direkt". Neben ihrer Arbeit sind beide filmpolitisch aktiv. „Was würde Jesus dazu sagen?" ist ihr erster abendfüllender Kinofilm.
Ausgewählte Filmographie: Powers Born to Hell (1971). Nur gemeinsam sind wir stark (1971). Lehrlinge zusammenhalten (1974). Grüße aus Nekkarsulm (1975). ... raus bist Du! (1976) Willi Bleicher – Du sollst Dich nie vor einem lebenden Menschen bücken! (1978) ... sonst würde das Kino sterben (1979). Erfahrungen mit der Zukunft (1980). Ein Tag und eine Nacht (1981). Treibgas (1982). Auto ... Vision: Es hat erst angefangen (1983).
Preise und Auszeichnungen auf den Festivals von Oberhausen, Mannheim, Leipzig und Krakau, der Deutschen Filmkritik, vom Bundesministerium des Innern und mehrfach Prädikate der FBW.

Dietmar Schmidt wurde 1911 als Sohn eines Pfarrers in Holzhausen an der Haide geboren. Er studierte in Frankfurt am Main, Heidelberg, London und Rostock die Fächer Anglistik, Germanistik und Religionswissenschaft. 1950–1953 war er leitender Redakteur des Evangelischen Pressedienstes (epd) in Hessen-Nassau- bis er die Alleinredaktion von „epd Kirche und Film" übernahm. Er hat diesen Informationsdienst zu einer bedeutenden Filmpublikation gemacht. 1959 erschien seine Niemöller-Biographie bei Rowohlt. 1983 als erweiterte Neuausgabe im Radius-Verlag. Dietmar Schmidt starb kurze Zeit nach seinem Freund Martin Niemöller am 11. Juli 1984 in Frankfurt.

Archivmaterial und Original-Quellen:
James Luther Adams Foundation, Boston
Archiv für den wissenschaftlichen Film der DDR
Bundesarchiv Koblenz
Chronos-Film
DEFA-Studio für Dokumentarfilme
Deutsches Rundfunkarchiv
Hessischer Rundfunk
Landesbildstelle Berlin
Jan Niemöller
Norddeutscher Rundfunk
Dietmar Schmidt
Karl-H. Walloch
Zentralarchiv der Ev. Kirche in Hessen und Nassau
sowie
Amerika-Gedenkbibliothek Berlin
Berlin Document Center, Evangelisches Zentralarchiv Berlin, Ulf Henschke, Hessische Landes- und Hochschulbibliothek Darmstadt, Hans Joachim Oeffler, Klaus Rose, Bildarchiv Rudolph, Robert H. Schmidt (TH Darmstadt), Albert Schweitzer-Archiv, Manfred Scholz, Bildarchiv Preußischer Kulturbesitz, Universitätsbibliothek Gießen u.v.a.

Hilfe bei Recherchen, Materialbeschaffung und Realisierung:
Archiv des Diakonischen Werkes
Michael Busch
Evangelische Medienzentrale Württemberg
Evangelischer Pressedienst
Geheimes Staatsarchiv Preußischer Kulturbesitz
Heinemann & Partner
Brigitte Johannesson, Connecticut
Reverend Bernhard Judd, Darlinghurst, Australien
Ekkehard Kätsch
Hertha von Klewitz
Konrad Kwiet, Coogee, Australien
Elisabeth Matz
Ute Mess, Washington D.C.
Ministry of Information & Broadcasting, Bombay
Herbert Mochalski
National Council of Churches, New York
Sibylle Niemöller
OAC Ministries Australia
Pahl-Rugenstein Verlag
Wilhelm Rösing
Wolfgang Ruf
Joachim Schmidt
Klaus Scholder
Friedemann Schuchardt
Sender Freies Berlin
Staatsanwaltschaft beim Landgericht Frankfurt
The Sydney Morning Herald
Wiesbadener Kurier
Ingrid Zachäi
und
Walter Schobert
u.v.a.

Hergestellt mit:
Drehbuchprämie des Bundesinnenministers (1982)
Hamburger Filmförderung (1983)
und einer Förderung der Ev. Kirche in Hessen und Nassau.

Farbfilm, 1985
110 Min., 16 mm

Uraufführung 31. August 1985
Paulskirche Frankfurt am Main

Produktion
docfilm
Karnick & Richter OHG
Heidelberger Landstr. 9 a/b
6100 Darmstadt-Eberstadt
Telefon (0 61 51) 5 17 71 + 5 11 17

Verleih
Matthias-Film Gemeinn. GmbH
Gänsheidestr. 67
7000 Stuttgart 1
Telefon (07 11) 24 05 12
und
Unidoc Film&fideo GmbH
Braunschweiger Str. 20
4600 Dortmund 1
Telefon (02 31) 8 38 01 47